El PODER DE LAS MUJERES EN EL LIDERAZGO

Construye Confianza, Logra un Equilibrio Vida-Trabajo, y Avanza en tu Carrera de Manera Auténtica.

KARINA G. JAUREGUI

© Copyright 2025 Karina G. Jauregui - Todos los derechos reservados.

El contenido de este libro no puede ser reproducido, duplicado ni transmitido sin el permiso escrito directo de la autora o la editorial.

Bajo ninguna circunstancia se responsabilizará a la editorial o a la autora por daños, perjuicios o pérdidas económicas derivadas, directa o indirectamente, de la información contenida en este libro. Usted es responsable de sus propias decisiones, acciones y resultados.

Este libro está protegido por derechos de autor. Es solo para uso personal. No se puede modificar, distribuir, vender, utilizar, citar ni parafrasear ninguna parte del contenido de este libro sin el consentimiento de la autora o la editorial.

Tenga en cuenta que la información contenida en este documento es únicamente con fines educativos. Se ha realizado todo esfuerzo para presentar información precisa, actualizada, confiable y completa. No se otorgan ni se implican garantías de ningún tipo. Los lectores reconocen que la autora no brinda asesoramiento legal, financiero, médico ni profesional. El contenido de este libro ha sido recopilado de diversas fuentes. Consulte con un profesional autorizado antes de intentar cualquier técnica descrita en este libro.

Al leer este documento, el lector acepta que, bajo ninguna circunstancia, la autora es responsable de cualquier pérdida, directa o indirecta, que pueda derivarse del uso de la información contenida en este documento, incluyendo, pero no limitándose a, errores, omisiones o inexactitudes.

A las increíbles y talentosas mujeres con las que tengo la dicha de compartir mi vida:

Mi Madre, un verdadero ejemplo de bondad y valentía.
Mis hermanas, siempre honestas, solidarias y dispuestas a ayudar.
Y a mi hija, quien llena mi corazón de alegría e inspira mi crecimiento, motivándome a ser el mejor ejemplo para ella.

Las amo profundamente!
Gracias por estar a mi lado tanto en los buenos momentos como en los desafíos.

Contenido

Introducción 9

Capítulo 1: Confianza Inquebrantable 11

    1.1 La Brecha de Confianza en las Mujeres Líderes 11

    1.2 Identificando y Aprovechando tus Fortalezas 15

    1.3 Vulnerabilidad como un Impulsor de Confianza 20

    1.4 Superando el Síndrome del Impostor 22

    1.5 Desarrollar una Mentalidad de Crecimiento para el Éxito 27

    1.6 Celebrando Pequeños Logros para Impulsar el Éxito 31

Capítulo 2: Estilos de Liderazgo Auténtico 35

    2.1 Tu Estilo de Liderazgo 35

    2.2 Liderando con Empatía e Inteligencia Emocional 41

    2.3 Forjando tu Marca Personal de Liderazgo 47

    2.4 Equilibrando la Asertividad y la Accesibilidad 51

    2.5 Toma de Decisiones Alineada a tus Valores 53

    2.6 El Poder de la Narración en el Liderazgo Auténtico 55

Capítulo 3: Navegando las Dinámicas laborales 57

    3.1 Comprendiendo la Política en el Lugar de Trabajo 57

    3.2 Construyendo Alianzas Estratégicas y Redes de Contactos 63

    3.3 Comunicando con Impacto 66

    3.4 Retroalimentación para el Crecimiento 71

    3.5 Manejando la Crítica y Convirtiéndola en Oportunidad 76

    3.6 Cultivando una Cultura de Colaboración e Inclusión 78

Capítulo 4: Dominando el Equilibro Vida-Trabajo 81

    4.1 Estableciendo Límites 81

4.2 Delegación: Empoderando a tu Equipo y a Ti Misma 84

4.3 Técnicas de Gestión del Tiempo para Líderes Ocupados 89

4.4 Creando un Entorno Familiar de Apoyo 94

4.5 Practicando la Atención Plena para Reducir el Estrés 97

4.6 Rutinas de Autocuidado para Mantener la Energía 99

Capítulo 5: Avanzando en Tu Carrera de Manera Auténtica.............. **103**

5.1 Hoja de Ruta Profesional 103

5.2 Navegando en Promociones y Negociaciones 109

5.3 Construyendo Confianza Sin Compromiso 111

5.4 El Rol del Patrocinio en el Crecimiento Personal 113

5.5 Defendiendo tu Propio Valor y el de los Demás......................... 115

5.6 Aprovechando la Presencia en Línea para Oportunidades Profesionales 118

Capítulo 6: Superando Barreras Sistémicas **121**

6.1 Barreras en el Lugar de Trabajo 121

6.2 Estrategias para Desafiar el Sesgo de Género 126

6.3 Promoviendo la Diversidad e Inclusión desde Adentro 128

6.4 Construyendo Aliados en Posiciones de Liderazgo 130

6.5 Liderar con el Ejemplo: Inspirando un Cambio Sistémico 132

Capítulo 7: Construyendo Redes Sólidas y Mentoría........................ **135**

7.1 Networking Auténtico.. 135

7.2 Encontrar y Acercarse a Mentores Potenciales........................... 141

7.3 La relación Mentor-Mentee: Maximizando los Beneficios 143

7.4 El Patrocinio: Llevando la Mentoría al Siguiente Nivel 145

7.5 Participación en Comunidades y Grupos Profesionales 147

7.6 Construyendo una Red de Apoyo entre Pares............................. 152

Capítulo 8: Inspiración y Aplicación en el Mundo Real **155**

    8.1 Mujeres Pioneras 155

    8.2 Estudio de Caso de Liderazgo Auténtico 158

    8.3 El Poder de la Resiliencia en los Caminos de Liderazgo 160

    8.4 Tu Legado de Liderazgo: Inspirando a Futuras Generaciones ... 162

Conclusión **167**

Referencias **171**

Introducción

Hace algunos años, me encontré en una reunión de junta directiva de alto nivel, rodeada de colegas —en su mayoría hombres— inmersos en una discusión rápida y llena de presión. Se tomaban decisiones complejas, y sabía que mis ideas podían aportar valor. Sin embargo, justo cuando me preparaba para hablar, una sensación familiar de duda se apoderó de mí, una sensación que había aprendido a reconocer con el tiempo. Mi diálogo interno comenzó casi de inmediato: *¿Tendrá peso mi voz en esta sala? ¿Serán escuchadas y valoradas mis ideas, o serán ignoradas, descartadas o, peor aún, repetidas por otra persona y atribuidas a ella?*

Dudé por una fracción de segundo, lo suficiente para sentir la presencia de la inseguridad, pero no tanto como para rendirme ante ella. En lugar de eso, respiré profundamente, enderecé mi postura y me incliné —física y mentalmente— hacia el espacio que me había ganado. Con claridad y convicción, hablé. La sala quedó en silencio. Las conversaciones secundarias se desvanecieron. Las personas giraron para escuchar, no por cortesía, sino porque lo que tenía que decir importaba. En ese momento, sentí que algo cambiaba, no solo en la sala, sino dentro de mí.

Esa experiencia reafirmó una verdad que siempre había conocido, pero que no siempre había abrazado: el liderazgo no se trata solo de experiencia o conocimientos; se trata de confianza, presencia y la determinación de reclamar tu lugar en la mesa. Se trata de alzar la voz incluso cuando la duda persiste y de liderar con autenticidad a pesar de las presiones para conformarse. Ese día no fue la primera vez que enfrenté estos desafíos, y ciertamente no fue la última. Pero sí fue un momento decisivo, un recordatorio del poder que tenemos cuando elegimos asumir nuestro liderazgo con valentía y convicción.

Este libro es tu guía para construir confianza, lograr un equilibrio entre el trabajo y la vida personal, y avanzar en tu carrera de manera auténtica. Aborda los desafíos únicos que enfrentan las mujeres en el liderazgo, ofreciendo estrategias e ideas para empoderarte en este camino.

Las mujeres en liderazgo enfrentan obstáculos específicos. El sesgo de género sigue siendo una realidad, y la lucha por equilibrar las exigencias del trabajo y la vida personal es constante. Muchas mujeres lidian con una brecha de confianza, cuestionando sus propias capacidades a pesar de la evidencia de su competencia. Las estadísticas demuestran que las mujeres tienden a subestimar su desempeño y su potencial, a diferencia de sus colegas masculinos. Estos desafíos son reales, pero no son insuperables.

Sin embargo, el impacto transformador de las mujeres en el liderazgo es innegable. Las mujeres aportan fortalezas como la inteligencia emocional, la empatía y un enfoque colaborativo. Estas cualidades fomentan entornos inclusivos, impulsan la innovación y motivan a los equipos a alcanzar su máximo potencial. Las mujeres líderes tienen la capacidad de redefinir los paradigmas del liderazgo, fortaleciendo y haciendo más resilientes a las organizaciones.

Este libro está diseñado para guiarte a través de áreas clave esenciales para tu desarrollo como líder. Comenzamos explorando cómo construir confianza, comprendiendo su base y desarrollándola mediante estrategias prácticas. Luego, abordamos el desafío constante de lograr un equilibrio entre el trabajo y la vida personal, proporcionando herramientas concretas para establecer límites y priorizar de manera efectiva. Posteriormente, nos enfocamos en cómo avanzar en tu carrera de manera auténtica, destacando la importancia de liderar con integridad y generar influencia.

Cada capítulo incluye ejemplos del mundo real y lecciones de mujeres líderes exitosas. Estas historias no solo inspiran, sino que también validan tu experiencia, mostrando que no estás sola en tus desafíos y triunfos. Además, el libro incorpora elementos interactivos como autoevaluaciones, reflexiones y planes de acción.

En las siguientes páginas, exploraremos el poder del liderazgo femenino, descubriremos las fortalezas y estrategias que te impulsarán hacia adelante y construiremos una comunidad de mujeres que lideran con valentía e inspiran a otras a hacer lo mismo.

Tu viaje comienza aquí, y me honra ser parte de él.

Capítulo 1: Confianza Inquebrantable

"Nadie puede hacerte sentir inferior sin tu consentimiento."
— *Eleanor Roosevelt*

1.1 La Brecha de Confianza en las Mujeres Líderes

La brecha de confianza en el liderazgo femenino surge de expectativas sociales y prejuicios de género que han moldeado los roles de las mujeres durante años. Históricamente, el liderazgo se ha asociado con rasgos percibidos como masculinos, como la determinación, la asertividad y la competitividad. Estos estereotipos han marginado los estilos de liderazgo femeninos, que suelen enfatizar la colaboración, la empatía y la inteligencia emocional. Como resultado, muchas mujeres internalizan la creencia de que no encajan en el modelo tradicional de liderazgo, lo que puede minar su confianza. La escasez histórica de representación femenina en roles ejecutivos agrava aún más este desafío. La falta de modelos visibles en posiciones de liderazgo ha perpetuado el mito de que las mujeres están menos capacitadas para asumir dichos roles. La poca presencia de mujeres en los altos mandos refuerza estos estereotipos y limita las oportunidades de mentoría y apoyo, ampliando aún más la brecha de confianza.

Las investigaciones destacan constantemente esta disparidad. Un estudio destacado de la Universidad de Cornell revela que los hombres suelen sobreestimar sus habilidades, mientras que las mujeres las subestiman, incluso cuando su desempeño real es comparable †1. Este fenómeno, conocido como sesgo en la autoevaluación, es un factor clave en la brecha de confianza. Además, las encuestas sobre ambición en el liderazgo indican que las mujeres tienden a tener menores expectativas de ascenso que sus colegas masculinos. Esto no se debe a una falta de ambición, sino a la percepción de los obstáculos que anticipan. Las evaluaciones de confianza en el entorno laboral también muestran que la seguridad en sí mismas tiende a aumentar con la experiencia y la edad, lo que sugiere que la brecha no es un defecto inherente, sino el resultado de influencias externas †1. Estos hallazgos resaltan la necesidad de abordar las barreras estructurales y culturales que contribuyen a la brecha de confianza.

El impacto de esta brecha en el avance profesional es profundo. Muchas mujeres dudan en postularse para roles de liderazgo, negociar ascensos o aumentos salariales debido a la autopercepción de insuficiencia. El temor de asumir mayores responsabilidades proviene de la duda en sí mismas, no de la falta de capacidad. Esta vacilación puede traducirse en oportunidades perdidas y un desarrollo profesional más lento. Los menores índices de éxito en negociaciones también reflejan este fenómeno. Muchas mujeres afrontan las negociaciones con menor asertividad, temiendo una reacción negativa o ser percibidas como demasiado agresivas. Este enfoque prudente suele derivar en resultados que no reflejan completamente su valor o contribución.

Para cerrar esta brecha, es fundamental fomentar la autoconciencia. Este proceso comienza con un análisis crítico de los relatos internos que debilitan la confianza en sí mismas. A través de la introspección, las mujeres pueden identificar las barreras personales que interfieren con su seguridad y liderazgo. El *journaling* o escritura reflexiva surge como una herramienta poderosa en este proceso, funcionando como un espejo que refleja pensamientos, logros y metas. Esta práctica, aunque sencilla, puede aportar claridad y una mejor perspectiva.

Construir confianza no se trata de reinventarse, sino de aceptarse auténticamente y crecer desde esa base. Se trata de reconocer y aprovechar las propias fortalezas para liderar con autenticidad genuina.

Ejercicio de Reflexión:

Identificando las Barreras de Confianza

Tómate un momento para reflexionar sobre las barreras que afectan tu confianza. Sigue las indicaciones proporcionadas en cada paso y completa las columnas correspondientes:

Paso:	Pregunta de Reflexión:	Tus Notas:
Identificar Áreas de Menor Confianza	¿En qué áreas del liderazgo o de tu vida te sientes menos segura?	
Documentar Situaciones que desencadenan la Auto duda	¿Qué situaciones o escenarios específicos te hacen sentir insegura?	
Analizar Factores Contribuyentes	¿Qué expectativas sociales o factores personales contribuyen a estos sentimientos?	

Examinar Narrativas Internalizadas	*¿Qué narrativas o creencias negativas has interiorizado sobre tus capacidades?*
Desafiar Creencias Limitantes	*¿Existe evidencia que respalde o refute estas creencias? ¿Son realmente válidas?*
Reemplazar el Diálogo Interno Negativo	*¿Cómo puedes reformular estas creencias en afirmaciones positivas que resalten tus logros y potencial?*

1.2 Identificando y Aprovechando tus Fortalezas

A medida que navegas el complejo panorama del liderazgo, comprender tus fortalezas se convierte en un elemento clave para tu éxito. Todo comienza con una evaluación profunda de tus habilidades y atributos, un ejercicio introspectivo que te permite identificar aquello que te distingue.

Las evaluaciones de personalidad ofrecen un enfoque estructurado para descubrir estos rasgos. Estas herramientas analizan tus respuestas ante diferentes escenarios, revelando patrones y tendencias que destacan tus competencias principales. Combinadas con la retroalimentación de colegas y mentores, estas evaluaciones proporcionan una visión integral de tus fortalezas. Tus compañeros y asesores, que te observan en diversas situaciones, pueden ofrecerte valiosos conocimientos que quizás no notes por ti misma. Sus perspectivas pueden resaltar fortalezas que podrías subestimar o pasar por alto. Este enfoque dual—utilizando tanto evaluaciones estructuradas como retroalimentación externa—crea una base sólida para identificar y aprovechar tus fortalezas de manera efectiva.

Una vez que has identificado tus fortalezas, el siguiente paso es utilizarlas estratégicamente para potenciar tu liderazgo. Reconocer tus atributos únicos te permite adaptar tu estilo de liderazgo, alineándolo con lo que te resulta natural. Esta alineación fomenta la autenticidad, un componente esencial del liderazgo efectivo.

Cuando lideras de manera auténtica, inspiras confianza y credibilidad en quienes te rodean. Por ejemplo, si posees una habilidad innata para la empatía, integrar esta cualidad en tu liderazgo puede crear un entorno donde los miembros del equipo se sientan valorados y comprendidos. Al enfatizar tu naturaleza empática, puedes fomentar una cultura de apertura y colaboración, promoviendo la innovación y la responsabilidad dentro de tu equipo.

Para facilitar este proceso, herramientas prácticas como el análisis **FODA**—acrónimo de **Fortalezas, Oportunidades, Debilidades y Amenazas**—pueden ser invaluables. Este marco proporciona un método estructurado para evaluar cómo tus fortalezas pueden aplicarse a los roles de liderazgo y los desafíos que enfrentas. Al comprender tus fortalezas en el contexto de tu entorno, puedes identificar oportunidades donde sobresalir. Por ejemplo, una líder con sólidas habilidades organizativas puede destacar en roles que requieren una gestión de proyectos meticulosa. Al mismo tiempo, comprender posibles amenazas o desafíos te permite abordar proactivamente aquellas áreas donde tus fortalezas necesitan refuerzo. Estos conocimientos te capacitan para tomar decisiones informadas sobre tu trayectoria profesional, alineando tus fortalezas con roles que brinden satisfacción e impacto.

Alinear tus fortalezas con los roles de liderazgo no solo mejora tu efectividad, sino que también contribuye a una mayor satisfacción laboral. Cuando tus responsabilidades se alinean con tus habilidades naturales, experimentas un sentido de plenitud y propósito. Esta alineación es crucial para mantener la motivación y el compromiso a largo plazo. Imagina un escenario en el que una líder con excelentes habilidades de comunicación encuentra un rol que requiere hablar en público y gestionar relaciones con partes interesadas. Tal alineación le permite desempeñarse en su máximo potencial, utilizando sus habilidades para influir e inspirar.

Además, comprender tus fortalezas te ayuda a construir equipos que complementen tus habilidades. Al rodearte de personas con fortalezas diferentes a las tuyas, creas un equipo equilibrado capaz de abordar desafíos diversos. Esta diversidad en competencias asegura que todos los aspectos de un proyecto sean gestionados con conocimiento y precisión, fortaleciendo así la capacidad de liderazgo y el impacto organizacional.

|  | **Elemento Interactivo:**

Análisis FODA |

o **Identifica tus Fortalezas Clave:**
Enumera tus principales fortalezas:

1)

2)

3)

Reflexiona sobre cómo estas fortalezas impactan positivamente tu rol actual:

1)

2)

3)

o **Explora Oportunidades:**
Identifica oportunidades dentro de tu rol u organización donde puedas maximizar tus fortalezas:

Busca nuevos proyectos, responsabilidades o colaboraciones que se alineen con tus habilidades:

- **Evalúa Debilidades:**
  Identifica áreas donde te sientas menos segura o capacitada:

  Reflexiona sobre cómo estas Oportunidades podrían limitar tu capacidad para aprovechar al máximo tus fortalezas:

- **Evalúa Amenazas:**
  Analiza las posibles amenazas que podrían limitar tu capacidad de utilizar eficazmente tus fortalezas (por ejemplo, cambios organizacionales, brechas de habilidades o presiones externas):

- **Formula un Plan de Acción:**
    Desarrolla estrategias para alinear tus fortalezas con tus responsabilidades de liderazgo.

    Aborda debilidades y mitiga amenazas estableciendo objetivos específicos y alcanzables.

    1.

    2.

    3.

- **Monitorea y Ajusta:**
    Revisa regularmente tu análisis FODA para asegurarte de que tu plan se alinea con tus metas y responsabilidades en evolución.

1.3 Vulnerabilidad como un Impulsor de Confianza

En el liderazgo, la vulnerabilidad a menudo se percibe como una debilidad en lugar de una fortaleza. Sin embargo, cambiar esta perspectiva puede transformar la manera en que lideramos. Cuando se acepta, la vulnerabilidad se convierte en una herramienta poderosa para construir confianza y fomentar conexiones profundas dentro de un equipo. Líderes exitosos como Brené Brown han defendido la idea de que el coraje y la vulnerabilidad están entrelazados. Su investigación demuestra que reconocer nuestras imperfecciones nos humaniza y fortalece nuestras relaciones. La vulnerabilidad invita a la autenticidad, una cualidad que resuena profundamente en los demás y que crea una base de confianza esencial para un liderazgo efectivo. Esta confianza permite que un líder se relacione genuinamente con su equipo, fomentando un ambiente donde los miembros se sientan seguros para expresar ideas e innovar sin temor al juicio. Al demostrar vulnerabilidad, los líderes envían el mensaje de que asumir riesgos y cometer errores es aceptable, lo que impulsa una cultura de comunicación abierta y creatividad.

El impacto de la vulnerabilidad en el liderazgo es profundo. Cuando los líderes comparten abiertamente sus desafíos y fracasos, generan una narrativa con la que otros pueden identificarse. Esta apertura fortalece la cohesión del equipo, ya que las personas se sienten más conectadas con un líder accesible y transparente.

Consideremos el ejemplo de un CEO que, durante una reunión de toda la empresa, habló con franqueza sobre las dificultades enfrentadas en un proyecto fallido. Al compartir sus errores y las lecciones aprendidas, no solo desactivó una situación potencialmente tensa, sino que también estableció un precedente de honestidad y crecimiento. Esta vulnerabilidad mostró a los empleados que ellos también pueden aprender de sus fracasos, fomentando así la innovación y la resiliencia. Una transparencia de este tipo derriba barreras, permitiendo que los equipos colaboren de manera más efectiva al eliminar el miedo a las repercusiones del fracaso. El líder se convierte en un catalizador de la creatividad, ya que los miembros del equipo se sienten empoderados para proponer ideas y soluciones novedosas, sabiendo que cuentan con apoyo incluso si sus sugerencias no siempre tienen éxito.

Los ejercicios prácticos pueden ser herramientas invaluables para integrar la vulnerabilidad en el estilo de liderazgo. La representación de escenarios en talleres de liderazgo, por ejemplo, ofrece un espacio seguro para practicar la expresión de vulnerabilidad en entornos profesionales. Al simular situaciones reales donde la apertura es clave, los líderes pueden desarrollar la confianza para aplicar estas habilidades en sus interacciones diarias. Estos ejercicios los alientan a salir de su zona de confort y comprender mejor cómo la vulnerabilidad puede utilizarse estratégicamente para potenciar su influencia y su impacto. A través de estas actividades, los líderes aprenden a encontrar el equilibrio entre ser vulnerables y compartir en exceso, perfeccionando su capacidad para conectar con los demás sin perder profesionalismo.

La relación entre vulnerabilidad y autenticidad es innegable. El liderazgo auténtico implica ser fiel a uno mismo, y la vulnerabilidad es un camino hacia esa autenticidad. Cuando los líderes se muestran tal como son, sin pretensiones, cultivan un entorno donde la autenticidad florece.

Los estudios de caso sobre líderes que practican el liderazgo auténtico demuestran que aceptar la vulnerabilidad a menudo conduce a una mayor efectividad en su gestión. Un ejemplo de ello es Jacinda Ardern, la primera ministra de Nueva Zelanda, cuyo enfoque empático y abierto durante crisis le ha valido respeto y admiración a nivel mundial. Su disposición para mostrar emociones y admitir incertidumbre ha fortalecido su conexión con el público y reforzado su credibilidad como líder.

La vulnerabilidad fomenta una cultura en la que las personas se sienten motivadas a presentarse en su totalidad en el trabajo, impulsando el compromiso y la productividad. A medida que los líderes modelan la vulnerabilidad, empoderan a otros para hacer lo mismo, creando una dinámica donde la innovación y la colaboración prosperan. De esta manera, la vulnerabilidad deja de ser solo un activo personal para convertirse en una fortaleza colectiva, redefiniendo la esencia misma del liderazgo.

1.4 Superando el Síndrome del Impostor

El síndrome del impostor puede convertirse en un saboteador silencioso en la vida de muchas mujeres líderes, nublando sus logros y alimentando la creencia de que su éxito no es merecido. Este fenómeno se caracteriza por sentimientos persistentes de duda sobre uno mismo y el temor a ser expuesta como un fraude, a pesar de contar con evidentes logros y reconocimientos. Sus síntomas suelen manifestarse en forma de perfeccionismo, incapacidad para internalizar el éxito y una búsqueda constante por sobresalir, lo que puede generar altos niveles de ansiedad y estrés.

Las mujeres en liderazgo suelen enfrentar este obstáculo mental que les impide reconocer sus propios logros. Esta trampa psicológica las lleva a atribuir su éxito a la suerte o a factores externos, en lugar de reconocer su esfuerzo y habilidades. Este ciclo de autoconfianza debilitada no solo frena su crecimiento profesional, sino que también afecta funciones clave del liderazgo, como la toma de decisiones, la disposición a asumir riesgos y el avance en la carrera. Es crucial reconocer que estos sentimientos de insuficiencia no son incidentes aislados, sino experiencias comunes entre mujeres altamente exitosas, lo que abre la puerta a un esfuerzo colectivo para mitigar sus efectos.

Combatir el síndrome del impostor de manera efectiva requiere la implementación de estrategias cognitivas. La reestructuración cognitiva, un pilar de la terapia cognitivo-conductual, es una herramienta poderosa en esta lucha. Permite identificar, desafiar y reemplazar creencias irracionales por pensamientos más equilibrados y realistas. Por ejemplo, ante un proyecto desafiante, la reacción instintiva puede ser la duda, con pensamientos como: *"No tengo las habilidades necesarias para lograrlo."* Sin embargo, cambiar la perspectiva hacia un enfoque más empoderador, como: *"Tengo las habilidades y la experiencia para manejar este proyecto, y puedo buscar ayuda si la necesito,"* puede transformar significativamente la forma en que se enfrenta el desafío. Este proceso de reformulación de patrones de pensamiento es clave para reducir el impacto del síndrome del impostor y permitir que emerjan las verdaderas capacidades de una líder.

Otra estrategia efectiva es la incorporación de afirmaciones positivas en la rutina diaria. Repetir afirmaciones como *"Soy capaz y merezco mi éxito"* ayuda a contrarrestar el diálogo interno negativo característico del síndrome del impostor. Estas afirmaciones funcionan como recordatorios constantes de las fortalezas y logros previos, fortaleciendo la confianza y la autoestima.

Las historias de mujeres que han enfrentado y superado el síndrome del impostor están llenas de resiliencia y éxito. Por ejemplo, una reconocida ejecutiva del sector tecnológico compartió abiertamente su lucha con la inseguridad en una conferencia de liderazgo. A pesar de dirigir un equipo de alto rendimiento e impulsar la innovación en su empresa, solía cuestionar la legitimidad de su rol. A través de mentoría y la aplicación de estrategias cognitivas, logró reconocer su valor y asumir plenamente su identidad como líder. Su historia, al igual que la de muchas otras mujeres, demuestra el poder transformador de abordar directamente el síndrome del impostor.

El apoyo de un mentor es fundamental para superar este síndrome, ya que proporciona orientación, apoyo y nuevas perspectivas esenciales para liderar con confianza. Al participar en programas de mentoría y grupos de apoyo entre pares, las mujeres pueden compartir experiencias, obtener información valiosa y recibir retroalimentación constructiva. Los mentores ayudan a identificar y desafiar creencias limitantes, brindan seguridad y refuerzan el reconocimiento de habilidades y logros, validando tus contribuciones. Este sistema de apoyo no solo reduce la autoconfianza debilitada, sino que también fomenta un sentido de empoderamiento y pertenencia. *Exploraremos más a fondo el papel transformador de la mentoría en el Capítulo 7.*

	Elemento Interactivo:
	Reconocer los Patrones del Síndrome del Impostor

*Toma un cuaderno o diario para completar esta actividad. Reserva **20-30 minutos** de tiempo ininterrumpido para reflexionar.*

Paso 1: Reconocer los Patrones del Síndrome del Impostor

Reflexiona sobre una situación reciente en la que experimentaste dudas sobre ti misma o te sentiste como un fraude. Escribe:

▫ **La Situación:** Describe el contexto (ejemplo: una presentación, un proyecto, una promoción).

▫ **Tus Pensamientos:** ¿Qué te dijiste en ese momento? Ejemplo: *"No soy lo suficientemente buena para este rol."*

▫ **Tus Sentimientos:** ¿Cómo te sentiste? (ejemplo: ansiosa, estresada, con miedo).

Situación	Tus Pensamientos	Tus Sentimientos
Dirigiendo un equipo en un proyecto.	"No tengo las habilidades suficientes para esto."	Ansiedad, miedo al fracaso.
Presentando en una reunión de liderazgo.	"No pertenezco aquí; se darán cuenta de que no estoy calificada."	Nerviosismo, inseguridad, dudas.

Paso 2: Reestructuración Cognitiva

Ahora desafía los pensamientos negativos que escribiste en el Paso 1. Responde las siguientes preguntas:

- ¿Hay evidencia que respalde este pensamiento?
- ¿Qué éxitos pasados demuestran que soy capaz?
- ¿Qué le diría a una amiga en esta situación?

Reemplaza el pensamiento negativo con una afirmación positiva y realista.

Ejemplo:

- Pensamiento Original: *"No tengo las habilidades suficientes para esto."*
- Pensamiento Reestructurado: *"He liderado proyectos con éxito antes y tengo las habilidades y el apoyo necesarios para lograrlo."*

Paso 3: Afirma Tus Fortalezas

Escribe de 3 a 5 afirmaciones positivas que resalten tus habilidades y tu valor.

Ejemplos:

1. *"Soy capaz y merezco mi éxito."*
2. *"Mis habilidades y experiencia me convierten en una líder fuerte."*
3. *"He superado desafíos antes y puedo manejar este también."*

Ejercicio: Repite estas afirmaciones diariamente durante una semana, preferiblemente en voz alta o frente a un espejo.

Paso 4: Busca Mentoría y Apoyo

Identifica a un mentor o colega que pueda brindarte orientación y ánimo. Reflexiona sobre lo siguiente:

- ¿Quién en tu red de contactos puede ofrecerte ideas o compartir su experiencia con el síndrome del impostor?

▫ ¿Qué tipo de apoyo o retroalimentación necesitas para sentirte más segura?

Escribe 1-2 pasos de acción para conectar con un mentor o grupo de apoyo.

Ejemplo:
✓ *"Agendar una reunión con mi gerente para discutir mi progreso y recibir retroalimentación."*

Paso 5: Reflexiona sobre tu Crecimiento

Al final de la semana, revisa las situaciones en las que aplicaste estos pasos y reflexiona:

• ¿Cómo te sentiste después de desafiar tus pensamientos negativos?
• ¿Qué cambios notaste en tu mentalidad o confianza?
• ¿Qué continuarás haciendo para superar el síndrome del impostor en el futuro?

Convierte esta actividad en un hábito regular para fortalecer tu autoconciencia, desafiar las dudas y fomentar un crecimiento personal continuo.

1.5 Desarrollar una Mentalidad de Crecimiento para el Éxito

Una mentalidad de crecimiento es un paradigma poderoso que distingue a los líderes que ven los desafíos como oportunidades de aquellos que los perciben como amenazas. Este concepto, desarrollado por la psicóloga Carol Dweck, se basa en la creencia de que las habilidades y la inteligencia pueden desarrollarse a través del esfuerzo, el aprendizaje y la perseverancia. Esto contrasta marcadamente con una mentalidad fija, que asume que estas cualidades son estáticas e inmutables. Mientras que una mentalidad fija a menudo conduce a evitar los desafíos y temer el fracaso, una mentalidad de crecimiento fomenta la aceptación de los retos como caminos hacia la mejora.

Los líderes con una mentalidad de crecimiento entienden que los contratiempos no son un reflejo de su valía, sino elementos esenciales del aprendizaje y el desarrollo. Ven el esfuerzo como un camino hacia la maestría, en lugar de un signo de insuficiencia, y reciben la retroalimentación como una herramienta constructiva para mejorar. Esta perspectiva fomenta la resiliencia, la adaptabilidad y la búsqueda constante de la excelencia, características indispensables en el dinámico entorno del liderazgo.

Desarrollar una mentalidad de crecimiento requiere esfuerzo intencional y disposición para desafiar creencias arraigadas. Una estrategia efectiva es establecer metas incrementales para el desarrollo de habilidades. Dividir objetivos grandes en tareas más pequeñas y manejables permite a los líderes enfocarse en la mejora continua sin sentirse abrumados. Este enfoque no solo desarrolla competencias, sino que también refuerza la confianza, ya que cada pequeño éxito reafirma la capacidad de crecer y adaptarse.

En lugar de evitar situaciones difíciles, los líderes con una mentalidad de crecimiento las enfrentan con determinación, reconociendo que las experiencias más desafiantes son las que generan mayor aprendizaje. Buscan activamente nuevos retos, entendiendo que cada uno ofrece la oportunidad de expandir sus habilidades y perspectivas. Este enfoque transforma los obstáculos en escalones de crecimiento, permitiendo a los líderes navegar entornos complejos con agilidad y visión estratégica.

El impacto de una mentalidad de crecimiento en el liderazgo es profundo, ya que fomenta la resiliencia y la capacidad de adaptación frente a la adversidad. Los líderes que adoptan esta mentalidad están mejor preparados para manejar la incertidumbre y las presiones de sus roles. Permanecen serenos ante los contratiempos, viéndolos como obstáculos temporales en lugar de barreras insuperables. Esta resiliencia inspira confianza en sus equipos, generando una cultura de confianza e innovación.

Además, una mentalidad de crecimiento fortalece la adaptabilidad, permitiendo a los líderes ajustar estrategias y aceptar el cambio con facilidad. En una era donde el ritmo del cambio es acelerado, esta flexibilidad es esencial para el éxito organizacional. Los líderes adaptables no solo sobreviven en tiempos de cambio, sino que también encuentran maneras de prosperar, guiando a sus equipos con visión y determinación.

Existen numerosos recursos que pueden guiar a los líderes en este proceso de transformación. Entre ellos, destaca el libro *"Mindset: La Actitud del Exito"*, de Carol Dweck, una obra fundamental que explora los principios clave de la mentalidad de crecimiento. Sus ideas ofrecen un mapa claro para cambiar la perspectiva y adoptar los desafíos como oportunidades de mejora, convirtiéndolo en una lectura esencial para quienes buscan el desarrollo personal y profesional.

Plataformas como Coursera y LinkedIn ofrecen cursos especializados en resiliencia, adaptabilidad y aprendizaje continuo. Estas plataformas reúnen contenido de expertos en diversos campos, proporcionando a los líderes las herramientas para afrontar los desafíos de sus roles con confianza.

El compromiso con una mentalidad de crecimiento va más allá del éxito profesional; es una inversión en el potencial de liderazgo con resiliencia, adaptabilidad y visión. Convertir el aprendizaje en un hábito diario, ya sea durante un trayecto matutino o en una noche tranquila de desarrollo profesional, permite integrar la mentalidad de crecimiento en la vida cotidiana.

Actividad Interactiva:

Plan de Acción para el Crecimiento

Esta actividad te ayudará a desglosar grandes objetivos en pasos más pequeños y alcanzables, fomentando la mejora continua y construyendo confianza a medida que avanzas.

1. Elige un Objetivo

▫ Identifica una habilidad de liderazgo específica o un área en la que quieras mejorar (ejemplo: hablar en público, dar retroalimentación, gestión del tiempo).
▫ Formula tu meta de manera clara y medible.

🖋 Ejemplo: *"Quiero mejorar mis habilidades de hablar en público para ofrecer presentaciones más seguras y atractivas."*

2. Divídelo en Pasos

▫ Desglosa tu meta en 3-5 pasos incrementales. Estos deben ser manejables y alcanzables en un corto período de tiempo.

Paso de la Meta	Tarea Accionable	Plazo
1. Investigar técnicas de oratoria	Ver 2 charlas TED sobre hablar en público.	Antes de que termine la semana.
2. Practicar la expresión oral	Grabarme presentando un tema de 5 minutos.	Próximas 2 semanas.
3. Obtener retroalimentación	Pedir a un mentor o colega que revise mi grabación.	Dentro de 1 mes.

4. Presentar frente a un grupo pequeño	Ofrecerme para dirigir una reunión de equipo.	Dentro de 6 semanas.
5. Reflexionar y mejorar	Identificar fortalezas y áreas de mejora.	Después de 6 semanas.

3. Seguimiento del Progreso

▫ Usa un diario, libreta o herramienta digital para registrar tu progreso.

▫ Después de completar cada paso, reflexiona sobre lo siguiente:

- ¿Qué aprendí?
- ¿Qué salió bien?
- ¿Qué puedo mejorar en el futuro?

4. Ajusta y Expande

▫ Una vez que completes tu objetivo inicial, establece una nueva meta desafiante o ajusta la meta original para seguir avanzando.

🌱 El crecimiento es un proceso continuo. Cuanto más te desafíes, más fuerte te volverás como líder.

"Necesitamos mujeres que sean tan fuertes que puedan ser gentiles, tan educadas que puedan ser humildes, tan feroces que puedan ser compasivas, tan apasionadas que puedan ser racionales, y tan disciplinadas que puedan ser libres."
— Kavita Ramdas

1.6 Celebrando Pequeños Logros para Impulsar el Éxito

El camino hacia el liderazgo suele estar marcado por grandes hitos, pero son las pequeñas victorias a lo largo del camino las que realmente pueden sostenernos y darnos impulso. Reconocer estos logros es fundamental para fortalecer la confianza y la motivación. Este reconocimiento, por pequeño que parezca, genera un efecto positivo en cadena, elevando el ánimo y reafirmando nuestra imagen personal. Al celebrar los éxitos cotidianos, validamos nuestro progreso y fomentamos una mentalidad de crecimiento y perseverancia. Esta práctica no solo levanta el ánimo, sino que también cultiva resiliencia, un atributo indispensable en el desafiante mundo del liderazgo.

Desde una perspectiva psicológica, reconocer los logros activa el sistema de recompensa del cerebro, liberando dopamina, una sustancia química que genera sensaciones de placer y motivación. Este refuerzo positivo nos impulsa a repetir los comportamientos que nos llevaron al éxito, creando un ciclo de motivación que favorece el rendimiento y el desarrollo personal. Además, celebrar pequeños triunfos ayuda a reducir el estrés y prevenir el agotamiento, ya que proporciona una validación constante de nuestras capacidades y contribuciones. Esta práctica fomenta un sentido de propósito y satisfacción, reforzando la creencia de que nuestros esfuerzos tienen un impacto real y significativo.

Para hacer un seguimiento eficaz de los avances y reconocer los logros, el uso de herramientas como registros de hábitos y diarios de progreso puede ser altamente beneficioso.

🔖 Registros de Hábitos:
- Ofrecen una representación visual de la constancia y el crecimiento.
- Permiten identificar patrones, fortalezas y oportunidades de mejora.
- Ayudan a visualizar el compromiso y la disciplina en el proceso de desarrollo.

- 🔖 Diarios de Progreso:
  - Brindan un espacio para reflexionar sobre los logros alcanzados.
  - Permiten documentar el camino recorrido, resaltar aprendizajes y reconocer desafíos superados.
  - Funcionan como un archivo personal de logros, fortaleciendo la conexión con nuestras metas.
- 🔖 Mapas de Hitos en la Planificación de Carrera:
  - Trazan un camino claro hacia objetivos más grandes.
  - Facilitan la identificación de los pasos necesarios para avanzar.
  - Ofrecen oportunidades regulares para la reflexión y celebración de avances.

Crear una cultura organizacional donde se celebren los logros dentro de los equipos amplifica los beneficios del reconocimiento. Organizar eventos de reconocimiento, ya sean formales o informales, fomenta un sentido de comunidad y pertenencia. Estas celebraciones pueden tomar diversas formas, desde un simple reconocimiento en una reunión de equipo hasta eventos dedicados a destacar los logros individuales y colectivos.

Al reconocer públicamente los éxitos, los líderes refuerzan el valor de las contribuciones de cada miembro del equipo y promueven un entorno donde la excelencia se premia y se celebra. Esta práctica fortalece la cohesión del equipo, eleva la moral y fomenta una cultura de apoyo y motivación mutua.

El impacto de reconocer pequeños triunfos no puede subestimarse. Cada éxito, por mínimo que parezca, construye impulso y genera grandes logros a largo plazo. Las pequeñas victorias actúan como peldaños, formando un camino sólido hacia metas más ambiciosas.

Ideas Adicionales:

Celebrando Pequeños Logros

Aquí tienes algunas ideas para reconocer y celebrar tus pequeños triunfos:

1. Date un Gusto

Tómate un momento para disfrutar una recompensa, como una noche relajante con tu libro favorito, un día de autocuidado (spa, cuidado de la piel o meditación), o simplemente un café o comida especial que hayas estado esperando.

2. Documenta tu Progreso

Lleva un "Diario de Éxitos" donde registres tanto tus grandes como pequeños logros y reflexiones sobre cómo cada paso te acercó a tu meta. Esta es una herramienta excelente para revisar en momentos de duda.

📖 Ejemplo: *"Hoy hablé con confianza en la reunión de equipo y compartí mis ideas sin dudar. Estoy orgullosa de haber dado ese paso."*

3. Comparte tu Logro

Comentar tu progreso con un mentor, amigo o colega puede reforzar tu motivación y ayudarte a visualizar tu avance.

Ejemplo: *"Esta semana me ofrecí para liderar una discusión y recibí comentarios positivos de mi equipo."*

4. Celebra con tu Red de Apoyo

Las mujeres suelen florecer en comunidades de apoyo. Comparte tu éxito con aquellas personas que te inspiran y te motivan.

Ejemplo: Planifica un café con amigas, una reunión virtual con tu grupo de apoyo o un espacio para reflexionar juntas sobre sus avances.

5. Recompénsate con Oportunidades de Crecimiento

Invierte en ti misma como forma de celebración. Inscríbete en un taller, toma un curso, o lee un libro que esté alineado con tus metas de crecimiento. Este tipo de celebración no solo reconoce tu éxito, sino que también te prepara para futuros desafíos.

6. Reflexiona sobre tu Trayectoria

Tómate un momento para mirar atrás y reconocer lo lejos que has llegado. Acompaña esta reflexión con una afirmación poderosa:

"Soy capaz, determinada y crezco cada día."

¿Por Qué es Importante?

Celebrar intencionalmente tus logros no solo reconoce tu esfuerzo, sino que también entrena tu mente para ver los desafíos como oportunidades de crecimiento.

Cada paso adelante es prueba de tu capacidad y resiliencia—acéptalo, celébralo y úsalo para impulsarte hacia tu próximo objetivo.

Capítulo 2: Estilos de Liderazgo Auténtico

2.1 Tu Estilo de Liderazgo

Imagina una gran orquesta sinfónica, donde cada músico aporta su talento individual para crear una interpretación colectiva magnífica. Esta analogía refleja perfectamente la esencia del liderazgo, destacando que no se trata de un enfoque único, sino de una composición diversa de estilos, cada uno con fortalezas únicas que contribuyen a un objetivo común. En el dinámico mundo del liderazgo, la capacidad de adaptarse e integrar diversos modelos de liderazgo no es solo una ventaja, sino un requisito fundamental para el éxito. Para las mujeres en posiciones de liderazgo, reconocer y combinar estos diferentes estilos en su enfoque puede potenciar significativamente su efectividad y autenticidad.

Históricamente, el liderazgo se ha definido en gran medida por un estilo que prioriza la asertividad y los resultados. Sin embargo, la evolución hacia modelos como el liderazgo de servicio y el liderazgo transformacional ofrece nuevas oportunidades para que las mujeres lideren con impacto e integridad.

El liderazgo de servicio se basa en priorizar el crecimiento, el bienestar y las necesidades del equipo antes que las propias, cambiando fundamentalmente el paradigma tradicional del liderazgo. En este enfoque, el líder se convierte en un guardián del equipo, enfatizando el apoyo, el desarrollo y el empoderamiento. Este estilo de liderazgo crea un entorno donde el enfoque está en  nutrir el potencial de cada individuo y en atender sus necesidades, fomentando así una cultura basada en la confianza, la colaboración y el respeto mutuo. La esencia del liderazgo de servicio radica en su capacidad de construir equipos cohesionados, en los que los miembros se sienten realmente valorados y respaldados, lo que les motiva a contribuir con entusiasmo y compromiso.

Por otro lado, el liderazgo transformacional se distingue por su capacidad de inspirar y motivar a los miembros del equipo para que superen sus propias limitaciones y abracen el crecimiento y el cambio. Este estilo de liderazgo se apoya en la articulación de una visión clara y convincente, interactuando con los equipos de una manera carismática e inclusiva.

Los líderes transformacionales fomentan la innovación y una cultura organizacional dinámica, promoviendo un ambiente de trabajo en el que se celebra el cambio en lugar de temerlo. Empoderan a sus equipos al reconocer y desarrollar sus talentos individuales, alentándolos a explorar y alcanzar su máximo potencial. Esto no solo impulsa el progreso organizacional, sino que también crea una cultura de innovación y desarrollo continuo.

El liderazgo de servicio y el liderazgo transformacional, cuando se combinan, proporcionan un enfoque integral para la gestión de equipos, promoviendo tanto el desarrollo personal como la cohesión del equipo y la innovación organizacional. Al adoptar los principios de ambos estilos, las líderes pueden inspirar a sus equipos y fomentar una cultura de crecimiento mutuo, respeto y transformación.

Cada modelo de liderazgo tiene su valor y su efectividad depende del contexto:

☑ El liderazgo de servicio es ideal para equipos que requieren altos niveles de colaboración y apoyo. Cuando los miembros se sienten valorados y respaldados, su compromiso y productividad aumentan.

☑ El liderazgo transformacional, con su enfoque en la visión y el cambio, resulta clave para impulsar la innovación y motivar a los equipos durante periodos de transformación organizacional.

☑ El liderazgo situacional, que se basa en la capacidad de adaptación, es esencial en entornos organizacionales dinámicos y acelerados, donde la flexibilidad y la capacidad de pivotar resultan cruciales para el éxito.

Comprender cuándo y cómo aplicar cada estilo empodera a las líderes para maximizar su impacto y mejorar el rendimiento de sus equipos en distintos escenarios.

Explorar diferentes estilos de liderazgo es esencial para encontrar aquel que mejor se alinee con tus valores y personalidad. Reflexiona sobre tus tendencias naturales y cómo se relacionan con distintos modelos de liderazgo.

💡 A través de la experimentación, puedes desarrollar un enfoque de liderazgo que sea auténtico y efectivo, permitiéndote liderar con confianza y propósito.

Estudiar casos de líderes con diferentes enfoques brinda valiosas lecciones sobre la aplicación y efectividad de cada estilo:

🌐 Angela Merkel, excanciller de Alemania, ejemplificó el liderazgo situacional, adaptando su enfoque a medida que evolucionaba el panorama político. Su capacidad para navegar desafíos complejos con pragmatismo y resiliencia la convirtió en una de las líderes más respetadas del mundo.

🏢 Indra Nooyi, ex CEO de PepsiCo, personificó el liderazgo transformacional, impulsando un crecimiento significativo a través de una visión estratégica e innovadora. Su enfoque en la sostenibilidad a largo plazo y la responsabilidad corporativa transformó la compañía y sirvió de inspiración para muchas mujeres en el mundo empresarial.

Estos ejemplos destacan el poder y la versatilidad de los distintos estilos de liderazgo para alcanzar el éxito y generar un impacto positivo.

Ejercicio de Reflexión Personal:

Descubriendo tu Estilo de Liderazgo

Este ejercicio te ayudará a reflexionar sobre tus experiencias de liderazgo y determinar si el liderazgo transformacional o el liderazgo de servicio se alinea más con tus valores, personalidad y objetivos. También te permitirá identificar formas de integrar elementos de ambos estilos en tu práctica de liderazgo.

Paso 1: Recuerda Momentos Clave en tu Liderazgo

Piensa en una experiencia reciente donde hayas ejercido liderazgo. Puede ser liderando un proyecto, apoyando a un colega o resolviendo un desafío en equipo. Responde las siguientes preguntas:

Preguntas de Reflexión	Tus Respuestas
¿Cuál fue la situación?	
¿Cómo abordaste el desafío?	
¿Qué acciones tomaste para motivar y guiar a los demás?	
¿Cómo respondió tu equipo a tu liderazgo?	

Paso 2: Evalúa Rasgos de Liderazgo Transformacional y de Servicio

Lee cada afirmación y califícate en una escala del 1 al 5 (*1 = Rara vez, 5 = Siempre*).

Rasgo de Liderazgo	Calificación (1-5)
Inspiro a mi equipo con una visión clara y los motivo a alcanzar metas ambiciosas. *(Transformacional)*	
Me enfoco en empoderar a otros y ayudarlos a crecer personal y profesionalmente. *(Servicio)*	
Lidero con el ejemplo, demostrando los valores que quiero que mi equipo adopte. *(Transformacional)*	
Escucho activamente a mi equipo y priorizo sus necesidades. *(Servicio)*	
Fomento la creatividad y la innovación para resolver problemas. *(Transformacional)*	
Apoyo el bienestar personal y el desarrollo de los miembros de mi equipo. *(Servicio)*	
Desafío a otros para que alcancen su potencial y superen sus límites. *(Transformacional)*	
Priorizo la colaboración y me aseguro de que todos se sientan escuchados. *(Servicio)*	

Paso 3: Analiza tus Puntajes

✓ Cuenta cuántas respuestas tienen una puntuación de 4 o 5 en cada categoría de liderazgo (Transformacional o de Servicio).

✓ ¿Cuál obtuvo la puntuación más alta? Esto puede indicar tu preferencia natural.

💡 Preguntas de Reflexión:

- ¿Qué aspectos del estilo de liderazgo con mayor puntuación resuenan más con tus valores?
- ¿Los resultados reflejan cómo te ves como líder? ¿Por qué sí o por qué no?
- ¿Hay elementos del otro estilo que te gustaría desarrollar más?

Paso 4: Integra Ambos Estilos

Ningún estilo de liderazgo es absoluto. Usa el espacio a continuación para planificar cómo incorporar elementos de ambos estilos en tu práctica de liderazgo.

Estilo de Liderazgo	Plan de Acción para Crecimiento
Liderazgo Transformacional	*Ejemplo: Compartir una visión audaz en la próxima reunión de equipo para inspirar motivación.*
Liderazgo de Servicio	*Ejemplo: Programar reuniones individuales periódicas para apoyar el crecimiento de los miembros del equipo.*

💡 *Tu liderazgo es único. Aprovecha lo mejor de cada estilo y adáptalo a tu entorno para crear un impacto significativo en tu equipo y organización.*

2.2 Liderando con Empatía e Inteligencia Emocional

En el complejo mundo del liderazgo, la empatía se erige como un pilar fundamental que fortalece la dinámica del equipo y eleva la moral. La empatía, en su esencia, representa la capacidad de comprender y compartir profundamente las emociones de los demás. Esta comprensión sienta las bases para una comunicación efectiva y una colaboración armoniosa, componentes esenciales de un liderazgo exitoso. Cuando los líderes practican la empatía, cultivan un ambiente en el que cada miembro del equipo se siente visto y valorado. Este entorno favorece la confianza, fomenta la lealtad y reduce significativamente los conflictos, lo que resulta en una mayor productividad y un espacio de trabajo más armonioso.

La empatía va más allá de simplemente reconocer las emociones; implica una respuesta activa y considerada ante los sentimientos y experiencias de los demás. Un liderazgo empático requiere el desarrollo de la escucha activa, una habilidad que demanda atención plena, la suspensión del juicio y una respuesta reflexiva y equilibrada. Este nivel de compromiso demuestra un interés genuino por comprender y abordar las preocupaciones de los miembros del equipo, reforzando así su sentido de pertenencia y valor dentro del grupo.

Los programas de desarrollo de liderazgo suelen incluir talleres diseñados para fortalecer las habilidades de empatía. Estos espacios permiten simular situaciones del mundo real, ofreciendo una plataforma práctica e inmersiva para desarrollar respuestas empáticas y mejorar la comunicación. Los participantes realizan ejercicios que los desafían a ponerse en el lugar de los demás, fomentando una mayor comprensión y apreciación de diferentes perspectivas y experiencias. Estas actividades no solo mejoran la capacidad del líder para conectar con su equipo de manera significativa, sino que también le brindan herramientas para manejar las emociones con madurez y habilidad.

Integrar estratégicamente la empatía en el liderazgo puede transformar equipos y organizaciones. La empatía actúa como un catalizador para construir una cultura organizacional basada en la inclusión, el respeto y el apoyo mutuo, donde cada individuo se siente motivado a aportar su mejor desempeño. Esta cultura no solo mejora el rendimiento del equipo, sino que también genera un entorno de trabajo más satisfactorio y enriquecedor para todos.

La inteligencia emocional (IE) es una habilidad indispensable que constituye la base del liderazgo efectivo y la toma de decisiones informadas. La IE abarca autoconciencia, autorregulación, conciencia social y gestión de relaciones, componentes esenciales para comprender y manejar tanto las propias emociones como las de los demás.

Los líderes con una alta inteligencia emocional son capaces de identificar sus propios desencadenantes emocionales y comprender cómo sus sentimientos afectan sus pensamientos, decisiones y comportamientos. Esta autoconciencia profunda es clave para mantener la calma y la resiliencia en momentos difíciles, estableciendo así un ejemplo positivo para sus equipos.

Además, la inteligencia emocional juega un papel central en la resolución de conflictos con empatía y discernimiento. Los líderes con un alto grado de IE pueden identificar las emociones subyacentes en los desacuerdos y abordarlas de manera que promuevan la armonía y la solución de problemas. Su habilidad para gestionar relaciones y construir redes de apoyo mejora significativamente su capacidad para inspirar e influir, lo que conduce a mejoras notables en el rendimiento organizacional.

El desarrollo de la empatía y la inteligencia emocional es un proceso continuo que puede enriquecerse mediante ejercicios específicos y dirigidos.

📝 *Escenarios de Juego de Roles:* son particularmente efectivos, ya que permiten practicar la escucha empática y la regulación emocional en un entorno controlado. Estas simulaciones reproducen desafíos interpersonales reales y brindan la oportunidad de sumergirse en diferentes perspectivas, fortaleciendo así la comprensión empática.

📖 *Diario de Reflexión:* Llevar un diario en el que se registren las interacciones diarias y las respuestas emocionales permite a los líderes analizar sus sentimientos y comportamientos de manera introspectiva. Esta práctica fomenta una mayor autoconciencia y facilita la exploración profunda del propio paisaje emocional, promoviendo un crecimiento continuo en la inteligencia emocional.

A través de un compromiso constante con estos ejercicios, los líderes pueden desarrollar una comprensión más profunda de sí mismos y de sus equipos, fortaleciendo un estilo de liderazgo basado en la empatía y la inteligencia emocional.

Los líderes que priorizan la conexión y la comprensión logran un impacto significativo en sus equipos y organizaciones. Un ejemplo notable es el de una ejecutiva del sector de la salud, quien transformó su organización al hacer de la empatía un valor central en su liderazgo.

Su dedicación a escuchar activamente las preocupaciones del personal y los pacientes creó un ambiente de confianza y colaboración, lo que resultó en mejoras sustanciales en la atención médica y en la satisfacción de los empleados. Su enfoque empático no solo elevó la moral del equipo, sino que también fomentó una cultura de innovación y excelencia dentro de la organización.

Los testimonios de su equipo destacan el impacto profundo de su liderazgo, reflejando un mayor sentido de pertenencia y motivación. Estas historias confirman que la empatía no es solo una "habilidad blanda", sino una estrategia poderosa capaz de generar cambios significativos y transformar organizaciones.

💡 Reflexión Final:

✓ Liderar con empatía no solo fortalece las relaciones, sino que también impulsa el rendimiento y la innovación en cualquier entorno de trabajo.
✓ La inteligencia emocional te permite no solo comprender a los demás, sino también gestionar tus propias emociones de manera efectiva.
✓ Cultivar estas habilidades te convertirá en una líder más inspiradora, resiliente y efectiva.

	**Ejercicio:** Diario de Reflexión para el Crecimiento en el Liderazgo

Reflexionar sobre tus interacciones diarias te ayudará a desarrollar una mayor autoconciencia, mejorar la regulación emocional y fortalecer tu capacidad de conexión con los demás.

Paso 1: Reflexión Diaria

Al final de cada día, dedica 10-15 minutos a reflexionar sobre las siguientes preguntas:

1. Describe la Interacción:
• ¿Quiénes estuvieron involucrados y cuál fue la situación?
• ¿Qué emociones estuvieron presentes, tanto en ti como en la otra persona?

2. Evalúa tu Respuesta:
• ¿Cómo respondiste emocional y verbalmente?
• ¿Tus acciones demostraron empatía? ¿Por qué sí o por qué no?

3. Analiza el Resultado:
• ¿Cuál fue el desenlace de la interacción? ¿Fue positivo, neutral o negativo?
• ¿Cómo influyó tu respuesta en las emociones o el comportamiento de los demás?

4. Identifica Lecciones Aprendidas:
• ¿Qué descubriste sobre tus desencadenantes emocionales y reacciones?
• ¿Qué podrías haber hecho diferente para mejorar la interacción?

5. Planifica tu Crecimiento:
• ¿Cómo aplicarás lo aprendido en futuras interacciones?
• ¿Qué comportamiento o estrategia específica te enfocarás en mejorar mañana?

Paso 2: Seguimiento del Progreso

🗓 Revisión Semanal: revisa tus entradas en el diario y busca patrones. Usa la siguiente tabla para resumir los aprendizajes clave:

Situación Clave	Ejemplo de Interacción	Plan de Mejora
Noté que interrumpí conversaciones.	Reunión de equipo donde no permití que un colega diera su opinión.	Practicar la escucha activa y pausar antes de hablar.
Me sentí a la defensiva al recibir retroalimentación.	Conversación con mi gerente durante una evaluación de desempeño.	Ser más abierta y hacer preguntas aclaratorias en lugar de reaccionar.
Reconocí la frustración de un compañero de equipo.	Revisión de un proyecto donde los plazos no estaban claros.	Proporcionar tiempos de entrega más definidos y validar sus preocupaciones.

Paso 3: Amplía tu Kit de Herramientas de Inteligencia Emocional

Además del diario de reflexión, incorpora estas prácticas para fortalecer tu empatía e IE:

🎧 Práctica de Escucha Activa:

✓ Presta atención completa a la persona que habla sin interrumpir.

✓ Repite o parafrasea lo que escuchaste para confirmar comprensión.

👀 Ejercicio de Toma de Perspectiva:

✓ Antes de reaccionar en una situación difícil, ponte en el lugar del otro.

✓ Pregúntate: *"¿Qué podría estar sintiendo esta persona en este momento?"*

♡ Empatía en Acción:

✓ Apoya activamente a alguien que esté enfrentando un desafío.

✓ Valida las emociones de los demás sin emitir juicios.

Paso 4: Reflexiona y Celebra tu Crecimiento

📅 Reflexión Mensual: al final de cada mes, revisa tu progreso y celebra tus avances. Reflexiona sobre:

✓ ¿Cómo ha mejorado tu capacidad para empatizar con los demás?

✓ ¿Qué cambios específicos has notado en tus interacciones?

✓ ¿Qué área de tu IE quieres seguir desarrollando?

Resultados Esperados:

✓ *Mayor autoconciencia y regulación emocional.*

✓ *Relaciones más sólidas gracias a una comunicación empática.*

✓ *Liderazgo basado en la inteligencia emocional, fomentando confianza y colaboración en tu equipo.*

💡 Al practicar la reflexión y aplicar lo aprendido, fortalecerás tu liderazgo con empatía e inteligencia emocional, generando un impacto positivo tanto en tu vida personal como profesional.

2.3 Forjando tu Marca Personal de Liderazgo

Cultivar una marca personal va más allá de la simple autopromoción; es una manifestación auténtica de tus más profundas convicciones, fortalezas y aspiraciones. Piensa en tu marca de liderazgo como un faro, emitiendo una luz constante que ilumina tu identidad y principios orientadores ante el mundo. No es solo una imagen externa, sino la expresión genuina de tus valores fundamentales, atributos distintivos y visión a largo plazo.

Una identidad de marca sólida, respaldada por la consistencia en tu mensaje, asegura que tu presencia externa refleje fielmente tu esencia interna. Esta alineación entre cómo te presentas y cómo deseas ser percibida es clave para generar confianza y credibilidad—pilares fundamentales del liderazgo influyente. Cuando tus acciones y decisiones reflejan la esencia de tu marca, validas tu identidad y amplificas tu impacto tanto dentro de tu organización como en tu campo profesional.

El proceso de construir tu marca personal requiere introspección y un profundo conocimiento de lo que te motiva. Para empezar, identifica tus valores fundamentales—esas creencias inquebrantables que anclan tu identidad. Reflexiona sobre:

✓ ¿Qué principios guían tus decisiones y acciones?
✓ ¿Qué te impulsa a seguir adelante en tu camino de liderazgo?
✓ ¿Qué legado deseas dejar en tu equipo y en tu industria?

Este autoconocimiento es la base sobre la cual se construye tu marca.

Luego, elabora una declaración de misión que encapsule tu visión y aspiraciones como líder. Un enunciado bien formulado servirá como tu brújula, proporcionando dirección y propósito a todas tus iniciativas. Esta declaración debe reflejar el valor único que aportas a tu equipo y a tu organización.

A lo largo de este proceso, la autenticidad es esencial. Ser genuina fomenta la confianza y fortalece tu credibilidad, lo cual es fundamental para un liderazgo efectivo. Asegúrate de que tus acciones estén alineadas con tus valores, para que tu comportamiento refleje verdaderamente la esencia de tu marca.

Evita la falta de autenticidad, como proyectar una imagen que no coincide con tu verdadero ser o modificar tu marca para satisfacer expectativas externas. La autenticidad no significa perfección, sino abrazar tu verdadero yo con honestidad e integridad.

Articular tu marca de liderazgo es clave para fortalecer tu influencia y presencia. En la era digital, las redes sociales son herramientas poderosas para amplificar tu voz y conectarte con una audiencia más amplia. Usa estas plataformas para compartir:

- Ideas y reflexiones alineadas con tu visión de liderazgo.
- Logros y aprendizajes que refuercen tu credibilidad.
- Liderazgo de pensamiento, contribuyendo con contenido relevante en tu sector.

Es esencial que tu presencia en línea refleje tu identidad profesional, manteniendo coherencia en todos los puntos de contacto digitales.

Además del alcance digital, el *networking* juega un papel fundamental en la consolidación de tu marca. Involúcrate en el ecosistema de tu industria asistiendo a eventos, participando en foros y colaborando con colegas de manera alineada con tus valores y áreas de experiencia.

> *El networking no se trata solo de ampliar tu círculo profesional, sino de construir relaciones significativas que refuercen tu identidad de liderazgo.*

Desarrollar una marca de liderazgo no es un logro estático, sino un proceso dinámico que evoluciona junto con tu trayectoria profesional y crecimiento personal. Este proceso requiere autorreflexión constante y disposición para adaptarte, asegurando que tu marca siga siendo relevante e impactante.

Actividad Interactiva:
Construyendo tu Marca Personal de Liderazgo

Esta actividad te ayudará a definir y fortalecer tu marca personal de liderazgo alineando tus valores, visión y acciones.

Paso 1: Identifica tus Valores Fundamentales

✓ Enumera 3 a 5 valores que definan tu estilo de liderazgo (ejemplo: integridad, colaboración, innovación).

✓ Reflexiona: ¿Qué principios guían mis decisiones y acciones como líder?

Valor	Por qué es importante para mí
Integridad	Creo en la honestidad y transparencia en todas mis interacciones.
Colaboración	Trabajar en equipo genera mejores resultados e impulsa la inclusión.
Innovación	La mejora continua y el pensamiento creativo impulsan el crecimiento.

Paso 2: Redacta tu Declaración de Misión

✓ Escribe una declaración de misión en 1-2 oraciones que refleje tu visión y objetivos de liderazgo.

📌 Pregunta guía: *¿Qué impacto quiero generar como líder?*

📝 Ejemplo: *"Me esfuerzo por inspirar y empoderar a otros para que alcancen su máximo potencial a través de la colaboración, la mentoría y la innovación."*

Paso 3: Alinea tus Acciones con tus Valores

✓ Enumera 3 acciones diarias que reflejen tus valores en la práctica.

✓ Reflexiona: ¿Mis acciones reflejan de manera constante mis valores y misión?

Valor	Acción
Integridad	Brindar retroalimentación honesta en evaluaciones de desempeño.
Colaboración	Facilitar sesiones de lluvia de ideas para fomentar la diversidad de perspectivas.
Innovación	Explorar nuevas estrategias para mejorar procesos dentro del equipo.

Paso 4: Usa las Redes Sociales para Reforzar tu Marca

✓ Actualiza tu perfil de LinkedIn para reflejar tus valores y misión.

✓ Comparte o comenta artículos alineados con tu enfoque de liderazgo.

✓ Reflexiona: ¿Qué contenido puedo compartir para destacar mi experiencia y valores?

Paso 5: Expande tu Red de Contactos

✓ Identifica tres personas clave con quienes fortalecer relaciones alineadas con tus objetivos de liderazgo.

✓ Tarea: Programa una reunión virtual o sesión de *networking* este mes.

✓ Reflexiona: ¿Quién puede ayudarme a reforzar y apoyar mi trayectoria de liderazgo?

2.4 Equilibrando la Asertividad y la Accesibilidad

En el liderazgo, la combinación de asertividad y accesibilidad crea un equilibrio dinámico que puede potenciar significativamente tu efectividad. La asertividad, a menudo malinterpretada, es la capacidad de comunicar pensamientos, necesidades y límites de manera clara y segura, sin infringir los derechos de los demás. No debe confundirse con la agresión, que implica imponer la propia voluntad sin considerar los sentimientos y derechos de los demás.

Por otro lado, la accesibilidad es la cualidad que te hace cercana y abierta a los demás, fomentando el diálogo y la colaboración. Cuando los líderes son cercanos, invitan a su equipo a compartir ideas y preocupaciones sin temor a juicios o represalias. Juntas, estas características forman la base del liderazgo auténtico, permitiéndote liderar con fortaleza sin perder la receptividad y la empatía.

Para lograr un equilibrio armonioso entre estos rasgos, es esencial aplicar estrategias que mantengan la efectividad en el liderazgo.

💡 <u>Técnicas de comunicación asertiva:</u>

✓ Usa frases en primera persona ("Yo creo", "Yo siento") para expresar tu posición sin sonar confrontacional.

✓ Explica claramente tus expectativas mientras reconoces la perspectiva de los demás, fomentando un diálogo constructivo.

💡 <u>Crear un ambiente accesible para el equipo:</u>

✓ Fomenta la comunicación abierta reservando momentos específicos para que tu equipo comparta ideas y comentarios.

✓ Genera espacios de retroalimentación que promuevan la confianza y fortalezcan el sentido de compromiso y pertenencia.

Los líderes que dominan este equilibrio crean un entorno donde la comunicación abierta y el respeto mutuo prosperan.

Busca regularmente la opinión de tu equipo y responde a sus sugerencias, demostrando que su contribución es clave para el éxito del grupo.

Liderando reuniones inclusivas:

✓ Facilita las discusiones invitando a todos los miembros del equipo a participar, especialmente a aquellos más reservados.

✓ Asegura que todas las perspectivas sean valoradas, promoviendo un ambiente colaborativo y equitativo.

El resultado es un equipo más cohesionado, motivado y comprometido, capaz de alcanzar resultados extraordinarios.

🪭 Equilibrar la asertividad y la accesibilidad no es un proceso estático, sino un ajuste continuo que requiere atención y refinamiento.

🪭 Cuando cultivas ambos rasgos, lideras con autenticidad e integridad, inspirando a tu equipo a alcanzar nuevas alturas.

🪭 El ser asertivo y accesible no son fuerzas opuestas, sino fortalezas complementarias que, cuando se armonizan, crean un liderazgo poderoso y efectivo.

2.5 Toma de Decisiones Alineada a tus Valores

Las decisiones no solo moldean el rumbo de nuestras carreras, sino que también definen la cultura y las operaciones de nuestras organizaciones. En el centro de cada decisión impactante se encuentran valores fundamentales que actúan como principios rectores, asegurando autenticidad e integridad tanto a nivel personal como organizacional.

Definir estos valores es un paso esencial.

✓ Los valores personales son creencias arraigadas que guían nuestro comportamiento y elecciones, reflejando nuestra identidad y propósito.

✓ Los valores organizacionales son los principios fundamentales que establecen la cultura y los objetivos de una empresa.

Juntos, estos valores forman un marco sólido que permite que las decisiones individuales se alineen con la visión y misión de la organización, garantizando coherencia y credibilidad en el liderazgo.

Los marcos de decisión basados en valores ofrecen una estructura clara para tomar decisiones alineadas con principios fundamentales. Evaluar opciones a través del lente de nuestros valores garantiza que nuestras elecciones reflejen lo que más valoramos.

Beneficios de la toma de decisiones basada en valores:

✓ *Mayor integridad personal:* Los líderes que toman decisiones consistentes con sus valores inspiran confianza y respeto.
✓ *Coherencia organizacional:* Cuando las decisiones reflejan los valores de la empresa, refuerzan su misión y crean un sentido de dirección clara.
✓ *Mayor compromiso y lealtad del equipo*: Los colaboradores se sienten más inspirados y motivados por líderes que predican con el ejemplo y encarnan los valores que defienden.

Herramientas y Estrategias para una Toma de Decisiones:

✓ *Árboles de decisión y matrices de evaluación:* Estas herramientas ayudan a visualizar las posibles opciones y sus consecuencias, permitiendo evaluar qué decisiones están más alineadas con los valores personales y organizacionales.

✓ Preguntas de reflexión para la toma de decisiones:

◊ *¿Esta decisión está alineada con mis valores fundamentales?*
◊ *¿Cómo refleja esta elección la misión de la organización?*
◊ *¿Cuál será el impacto a largo plazo de esta decisión en mi equipo y en la empresa?*

Reflexionar sobre estas preguntas antes de tomar una decisión ayuda a garantizar que nuestras elecciones no sean impulsivas, sino bien pensadas y alineadas con una visión a largo plazo.

Ejemplo de Liderazgo Basado en Valores

📜 Una CEO que enfrentó un dilema ético

Una líder empresarial se encontró ante una difícil decisión: reducir costos externalizando empleos a un país con prácticas laborales cuestionables. A pesar del ahorro financiero que esto representaba, decidió mantener su compromiso con prácticas laborales éticas, asumiendo un costo mayor en el corto plazo.

☑ Su decisión, aunque desafiante, reforzó su integridad y le ganó el respeto inquebrantable de sus empleados y socios.

☑ Su liderazgo fortaleció la reputación de la empresa, fomentando una cultura organizacional basada en la confianza y la transparencia.

☑ Este caso demuestra cómo tomar decisiones alineadas con valores fortalece la moral del equipo y el éxito organizacional a largo plazo.

Alinear nuestras decisiones con nuestros valores no es solo una estrategia, sino una demostración de carácter y compromiso con la integridad.

Deja que tus valores sean tu brújula, guiando cada decisión y acción hacia la autenticidad y la excelencia.

2.6 El Poder de la Narración en el Liderazgo Auténtico

El antiguo arte de la narración posee un poder transformador en el liderazgo que trasciende la simple comunicación. Sirve como un puente, conectando la visión y los valores con la acción y el compromiso. Las historias tienen una capacidad única para transmitir ideas complejas de una manera cercana y memorable, convirtiéndolas en una herramienta invaluable para los líderes que buscan inspirar e influir.

Una historia convincente se construye sobre elementos clave: un arco narrativo claro, personajes con los que se pueda identificar y un mensaje resonante. Estos elementos trabajan en conjunto para cautivar y conmover a la audiencia, incrustando la visión y los valores del líder en la mente de quienes escuchan. Los talleres de narración para líderes enfatizan estos componentes, proporcionando un espacio para practicar y perfeccionar la habilidad de construir relatos, esencial para una comunicación efectiva en el liderazgo.

Las narraciones personales, en particular, son una forma poderosa de fomentar la conexión e impulsar la acción. Cuando los líderes comparten sus propias experiencias, humanizan su liderazgo, eliminando barreras y generando confianza. Estas historias suelen reflejar desafíos personales, triunfos y lecciones aprendidas, ofreciendo una ventana al carácter y los valores del líder.

Por ejemplo, un líder podría relatar un momento crucial en su carrera cuando enfrentó la adversidad, pero perseveró con resiliencia y determinación. Este tipo de narración no solo involucra emocionalmente a la audiencia, sino que también ilustra los principios del líder en acción, convirtiendo lo abstracto en algo tangible.

Involucrar a la audiencia a través de preguntas o reflexión personal hace que la narración sea más impactante, transformando a los oyentes pasivos en participantes activos.

Crear historias impactantes requiere intencionalidad y claridad. Los líderes deben estructurar sus narrativas de una manera que guíe a la audiencia en un viaje de descubrimiento y comprensión.

Esto implica establecer el contexto, presentar el desafío y llevar a la audiencia a través de la resolución, mientras se incorpora el mensaje central.

Las imágenes y metáforas pueden enriquecer la experiencia narrativa, proporcionando representaciones visuales que profundizan la comprensión y retención. Una metáfora bien utilizada puede iluminar ideas complejas, mientras que los elementos visuales, como diapositivas o accesorios, pueden reforzar puntos clave y mantener a la audiencia comprometida.

Estas técnicas garantizan que la historia no solo resuene, sino que también deje una impresión duradera, alineando las emociones y pensamientos de la audiencia con la visión del líder.

Conclusión

A medida que concluimos esta exploración de los estilos de liderazgo auténtico, el poder de la narración destaca como una herramienta formidable para transmitir visión y valores.

Al integrar narrativas personales y construir historias impactantes, puedes conectar con tu audiencia en un nivel más profundo, inspirándolos a adoptar y actuar según tu visión.

A medida que avanzamos, considera cómo la narración puede fortalecer tu liderazgo y amplificar tu impacto.

"Cuando todo el mundo está en silencio, incluso una sola voz se vuelve poderosa." — Malala Yousafzai

Capítulo 3: Navegando las Dinámicas Laborales

> "El networking no se trata solo de conectar personas. Se trata de conectar personas con personas, personas con ideas y personas con oportunidades."
> — Michele Jennae

3.1 Comprendiendo la Política en el Lugar de Trabajo

Imagina una animada fiesta en la oficina, donde las conversaciones se entremezclan en un murmullo constante, las risas llenan el ambiente y los intercambios sutiles dan forma a la noche. En una esquina, un grupo rodea a un alto ejecutivo, asintiendo en señal de acuerdo, eligiendo cuidadosamente sus palabras para causar una buena impresión. Al otro lado del salón, un gerente mantiene una conversación estratégica y discreta con un colega, fortaleciendo una alianza que podría influir en futuros proyectos. Mientras tanto, otros charlan de manera informal, sin darse cuenta de que estos momentos, aparentemente casuales, pueden ser tan significativos como las reuniones formales.

Este escenario refleja la realidad de la política en el lugar de trabajo, una fuerza silenciosa pero poderosa que define relaciones profesionales y oportunidades de crecimiento. No se trata solo de realizar bien tu trabajo o cumplir con los objetivos, sino de comprender la red de influencias, alianzas y toma de decisiones que rige el entorno laboral. Muchas de estas interacciones suceden fuera de las reuniones oficiales y determinan quién es escuchado, quién asciende y quién se convierte en una voz influyente dentro de la organización.

Aunque a menudo se percibe con escepticismo, la política en el trabajo es una parte inevitable del entorno profesional. Se basa en el uso estratégico del poder, las relaciones y la influencia para superar desafíos, impulsar iniciativas y alcanzar tanto objetivos personales como organizacionales. Quienes reconocen y participan en estas dinámicas de manera ética y efectiva tienen más posibilidades de acceder a oportunidades de liderazgo, aumentar su visibilidad y posicionarse como tomadores de decisiones clave. Comprender estas dinámicas no significa manipular, sino actuar con conciencia, construir conexiones significativas y aprender a defenderse a sí mismo y a los demás de manera alineada con tus valores y metas profesionales.

La política en el trabajo varía según la industria. En entornos corporativos, las estructuras jerárquicas suelen concentrar el poder en ejecutivos senior y líderes clave. En cambio, en industrias creativas, la influencia tiende a ser más fluida, basada en la innovación y el talento, más que en títulos formales.

¿Cómo entender la dinámica política de tu organización?

✓ Mapear la estructura organizacional te ayudará a identificar jerarquías formales y las funciones clave.

✓ Identificar a los influyentes informales, aquellas personas que, aunque no tengan un cargo de alto nivel, ejercen poder gracias a sus conexiones y su capacidad de movilizar a otros.

Para interactuar con la política organizacional sin comprometer tu integridad, es clave aplicar estrategias que fortalezcan tu credibilidad y amplíen tu influencia.

Construcción de alianzas estratégicas

✓ Establecer relaciones con personas influyentes dentro de la organización puede brindarte apoyo y acceso a oportunidades que de otra manera podrían estar fuera de tu alcance.

✓ Colaborar con equipos de distintas áreas permite mostrar tus habilidades y establecer conexiones con colegas fuera de tu círculo inmediato.

Participar en estas actividades no solo aumenta tu visibilidad, sino que te posiciona como un colaborador clave dentro de la empresa.

Si bien participar en la política laboral puede ser beneficioso, es fundamental mantener principios éticos en todas las interacciones.

🚫 Evita tácticas poco éticas como manipular información o desacreditar a colegas, ya que estas acciones pueden dañar tu reputación y minar la confianza dentro del equipo.

📖 Ejemplo: un gerente se enfrenta a intereses opuestos dentro de la empresa. En lugar de ceder a presiones externas, elige apoyar una decisión que respalda los valores de la organización, a pesar de la posible oposición. Aunque el proceso fue desafiante, su decisión reforzó su integridad y generó respeto entre sus colegas y equipo.

Por el contrario, cuando los líderes recurren a prácticas poco éticas, se crea un ambiente laboral tóxico, se dificulta la colaboración y se pone en riesgo su crecimiento profesional.

Navegar la política en el lugar de trabajo con integridad requiere equilibrio entre estrategia y ética.

Comprender la estructura de poder de tu organización, construir alianzas alineadas con tus valores y actuar con transparencia te permitirá fortalecer tu influencia y avanzar en tu carrera sin comprometer tu integridad.

Actividad Interactiva:

Mapeo de Influencia

Este ejercicio te ayudará a analizar el panorama político de tu organización, identificar influenciadores formales e informales y desarrollar estrategias para construir alianzas mientras mantienes la integridad ética.

Paso 1: Identificar a los Actores Clave

✓ Comienza trazando el organigrama formal de tu lugar de trabajo.

✓ Enumera a los líderes formales clave (ej. gerentes, ejecutivos, tomadores de decisiones).

✓ Luego, identifica a los influenciadores informales, aquellos que, sin un cargo oficial, ejercen poder a través de relaciones, experiencia o visibilidad.

Nombre	Cargo/Título	¿Influencia Formal o Informal?	Nivel de Influencia (1-5)	Notas
Sarah (Gerente)	Gerente de Proyectos	Formal	4	Lidera equipos y toma decisiones clave.
John (Colega)	Analista Senior	Informal	5	Altamente confiable para la alta dirección.
Anna (Asistente)	Asistente Ejecutiva	Informal	3	Controla el acceso a los ejecutivos.

Paso 2: Analizar Relaciones y Redes de Influencia

✓ Dibuja un mapa de redes conectando a las personas según sus relaciones, influencia y patrones de comunicación.

✓ Usa flechas para indicar conexiones (ej. mentoría, apoyo, alianzas).

✓ Destaca a los influenciadores más fuertes con líneas más gruesas o flechas en negrita.

💡 Preguntas de reflexión:

- ¿Quién tiene mayor influencia dentro de la organización?
- ¿Existen alianzas o centros de poder de los que debes estar al tanto?
- ¿Dónde encajas actualmente dentro de esta red?

Paso 3: Evaluar Oportunidades de Relacionamiento

✓ Enumera formas de fortalecer relaciones con influenciadores clave de manera ética y auténtica.

✓ Enfócate en oportunidades de colaboración, mentoría y objetivos compartidos.

Nombre del Influenciador	Oportunidad de Relacionamiento	Acciones a Tomar	Plazo
Sarah	Colaborar en proyectos próximos.	Ofrecer apoyo y compartir ideas en fases de planificación.	Próximas 2 semanas
John	Buscar mentoría en planificación estratégica.	Agendar un café para hablar sobre desarrollo profesional.	Dentro de 1 mes
Anna	Mejorar la comunicación y la relación.	Mantenerla informada y expresar gratitud por su apoyo.	Permanente

Paso 4: Reflexión y Consideraciones Éticas

✓ Reflexiona sobre cómo tu estrategia se alinea con tus valores y estilo de liderazgo.

✓ Identifica maneras de construir confianza sin recurrir a manipulación o conductas poco éticas.

💡 Preguntas de reflexión:

- ¿Qué valores debo mantener al construir relaciones?
- ¿Cómo puedo equilibrar la construcción de influencia con la integridad?
- ¿Qué acciones demuestran autenticidad y transparencia?

Paso 5: Plan de Acción para Construir Influencia

Resume tus hallazgos y crea un plan de acción para fortalecer alianzas y navegar dinámicas laborales con éxito.

📌 Ejemplo de plantilla de Plan de Acción:

Objetivo	Acciones Específicas	Plazo
Aumentar visibilidad con líderes senior.	Ser voluntaria para presentar avances en reuniones de equipo.	Próximos 1-2 meses
Fortalecer red de contactos con colegas.	Organizar sesiones informales de Lluvia de Ideas.	Reuniones quincenales
Desarrollar relaciones de mentoría.	Contactar a líderes con experiencia para recibir orientación.	Reuniones mensuales

Este ejercicio te permitirá entender mejor la dinámica de influencia en tu organización y tomar decisiones estratégicas que beneficien tu crecimiento profesional mientras mantienes tus principios y valores.

3.2 Construyendo Alianzas Estratégicas y Redes de Contactos

En el camino del crecimiento profesional, construir alianzas estratégicas es clave para desbloquear oportunidades de liderazgo. Estas alianzas no son meras conexiones; son asociaciones poderosas que aumentan tu influencia y amplían tus horizontes. Las alianzas estratégicas pueden tener un impacto significativo en tu carrera al proporcionarte acceso a recursos, conocimientos y redes que, de otro modo, permanecerían fuera de tu alcance. En el mundo interconectado de hoy, la solidez de estas relaciones a menudo determina tu capacidad para navegar paisajes organizacionales complejos y acceder a roles de liderazgo. Los beneficios de las asociaciones interfuncionales, en particular, no pueden subestimarse. Al colaborar con colegas de diferentes departamentos, obtienes diversas perspectivas y fomentas la innovación, impulsando tanto el éxito personal como organizacional.

Asistir a conferencias y eventos de la industria es una estrategia clave para establecer relaciones con profesionales que comparten tus intereses y objetivos. Estos encuentros brindan una plataforma para intercambiar ideas, aprender sobre nuevas tendencias y formar conexiones que pueden conducir a esfuerzos colaborativos. Participar en conversaciones con colegas y

líderes de opinión en estos eventos puede abrirte puertas a nuevas oportunidades y asociaciones. Además, unirse a asociaciones profesionales amplía tu red y te brinda acceso a recursos y conocimientos que pueden respaldar tu crecimiento profesional. Estas asociaciones a menudo organizan talleres, seminarios y eventos de networking, creando un entorno donde puedes conectarte con personas afines y cultivar relaciones mutuamente beneficiosas. Al participar activamente en estas comunidades, te posicionas como un profesional comprometido y activo, lo que mejora tu visibilidad y credibilidad.

Participar en proyectos colaborativos es otra estrategia efectiva para construir alianzas estratégicas. La colaboración fomenta el trabajo en equipo y promueve el intercambio de conocimientos y habilidades, lo que conduce a soluciones innovadoras y éxitos compartidos. Al trabajar estrechamente con colegas en proyectos que se alinean con tus intereses y experiencia, no solo fortaleces tus relaciones, sino que también demuestras tu valor como jugador de equipo y líder. Estos proyectos brindan oportunidades para mostrar tus habilidades, generar confianza y establecer una reputación como un colaborador confiable y capaz. A medida que contribuyes al éxito de los esfuerzos colaborativos, construyes una red de seguidores y defensores que pueden apoyar tu avance profesional.

El papel de la reciprocidad en el networking no puede pasarse por alto. Las alianzas exitosas se basan en el beneficio mutuo, donde ambas partes obtienen valor de la relación. Compartir recursos, información y apoyo fomenta un sentido de reciprocidad que fortalece los lazos profesionales. Ofrecer mentoría o asistencia a cambio de orientación u oportunidades crea una dinámica equilibrada en la que ambas partes se benefician. Este enfoque recíproco garantiza que las relaciones sean sostenibles y gratificantes, lo que contribuye al éxito profesional a largo plazo. Al abordar el networking con una mentalidad de dar tanto como recibir, cultivas conexiones genuinas basadas en la confianza y el respeto mutuo.

Existen muchas historias de líderes que han aprovechado eficazmente las alianzas para el éxito profesional. Las empresas conjuntas y las colaboraciones han impulsado a muchas mujeres a puestos de liderazgo al combinar fortalezas y recursos para alcanzar objetivos compartidos. Por ejemplo, una ejecutiva de marketing que se asoció con una empresa de tecnología para desarrollar un producto innovador no solo amplió sus habilidades, sino que también obtuvo acceso a nuevos mercados y recursos. La alianza aumentó su influencia dentro de su organización y la posicionó como líder en su campo. Los testimonios de socios de alianzas destacan el valor de estas asociaciones, enfatizando cómo la colaboración y el apoyo mutuo han llevado a avances profesionales y crecimiento personal. Estas historias ilustran el potencial transformador de las alianzas estratégicas, demostrando que el camino hacia el liderazgo a menudo se construye con el apoyo y la colaboración de otros.

A medida que navegas en tu propia carrera, considera las alianzas estratégicas que puedes cultivar para aumentar tu influencia y abrir nuevas oportunidades de crecimiento. Reconoce el poder de las asociaciones interfuncionales y busca colaboraciones que se alineen con tus objetivos y valores. Adopta el principio de reciprocidad y aborda el networking con una mentalidad de beneficio mutuo. Al construir y fomentar estas alianzas, puedes fortalecer tu potencial de liderazgo y llevar tu carrera a nuevas alturas. Exploraremos el papel transformador del networking en mayor detalle en el *Capítulo 7*.

3.3 Comunicando con Impacto

En entornos predominantemente masculinos, la comunicación puede sentirse como un laberinto en el que cada giro presenta un nuevo obstáculo. Las mujeres enfrentan interrupciones frecuentes, donde sus voces son opacadas o descartadas antes de que sus ideas puedan ser plenamente expresadas. Sus contribuciones, por más perspicaces que sean, corren el riesgo de ser ignoradas o atribuidas a otros, dejando a muchas con la sensación de ser subestimadas. Estas barreras no son meras anécdotas; están profundamente arraigadas en la dinámica de espacios donde históricamente han predominado las voces masculinas. Comprender estos desafíos es crucial para desarrollar estrategias que garanticen que tu voz sea reconocida y respetada.

Para comunicar con impacto, adoptar técnicas de expresión asertiva es fundamental. Esto implica articular tus pensamientos con claridad y seguridad, utilizando frases en primera persona expresar tu perspectiva sin generar confrontación. Respalda tus argumentos con datos y evidencia, lo que puede aportar credibilidad y solidez a tus presentaciones. En reuniones, prepárate con estadísticas y ejemplos relevantes que refuercen tus puntos. Esta preparación no solo fortalece tu posición, sino que también demuestra tu experiencia, dificultando que otros minimicen tus aportaciones. El lenguaje no verbal también juega un papel clave: mantener contacto visual y usar una postura abierta refuerza tu mensaje. Estas señales transmiten confianza y autoridad, asegurando que tu presencia se sienta incluso antes de que hables.

La confianza en la comunicación es un poderoso amplificador de credibilidad e influencia. Practicar el habla en público puede ayudar a construir esta confianza, brindando oportunidades para mejorar la expresión y recibir retroalimentación constructiva. La preparación es otro elemento clave en el desarrollo de la autoconfianza. Familiarízate con la agenda de las reuniones, anticipa posibles preguntas y ensaya tus respuestas. Esta preparación no solo reduce la ansiedad, sino que también te permite manejar desafíos inesperados con aplomo.

Actividad Interactiva:
Evaluación del Estilo de Comunicación y Estrategia de Mejora

La comunicación efectiva es una piedra angular del liderazgo, influyendo en todo, desde la dinámica del equipo hasta el avance profesional. Pocos líderes ejemplifican esto mejor que Sheryl Sandberg, ex directora de operaciones de Facebook, cuyo estilo de comunicación ha sido un factor clave en su éxito.

Sandberg construyó su presencia como líder en una industria rápida y dominada por hombres, donde la comunicación clara, persuasiva y estratégica era esencial. Se hizo conocida por su capacidad para desglosar estrategias de negocio complejas en ideas accionables y comprensibles. Ya sea al presentar ante ejecutivos, motivar equipos o dar discursos, equilibraba la asertividad con la empatía, asegurando que su mensaje fuera impactante e inclusivo.

Su enfoque no solo consistía en hablar bien, sino en prepararse, conocer a su audiencia y comunicar con confianza. Adaptaba sus mensajes para conectar con diferentes públicos, logrando que su voz no solo fuera escuchada, sino también respetada. Su habilidad para comunicar con claridad y convicción le permitió abogar por sí misma, influir en decisiones clave y abrir camino para más mujeres en puestos de liderazgo.

Ahora, es tu turno de evaluar y perfeccionar tu propio estilo de comunicación. Esta actividad te guiará para identificar tus fortalezas, detectar áreas de mejora y desarrollar una estrategia que te ayude a comunicar con mayor confianza y eficacia.

Al hacerlo, no solo fortalecerás tu presencia como líder, sino que también te posicionarás como una voz fuerte e influyente en tu campo.

¡Comencemos!

Paso 1: Evalúa tu Estilo de Comunicación

Califícate en las siguientes afirmaciones usando una escala del 1 al 5:
1 = Casi nunca cierto | 5 = Siempre cierto

Afirmaciones	Calificación (1–5)
Me preparo a fondo antes de conversaciones o presentaciones importantes.	
Ajusto mi estilo de comunicación según las necesidades de mi audiencia.	
Uso un lenguaje claro y accesible para explicar ideas complejas.	
Escucho activamente y hago que los demás se sientan escuchados en las discusiones.	
Equilibro la asertividad con la empatía en conversaciones difíciles.	
Uso narrativas o anécdotas personales para hacer mis puntos más impactantes.	
Manejo preguntas o críticas con confianza y compostura.	

Preguntas de reflexión:

✓ ¿Cuáles afirmaciones calificaste con 4 o 5? Estas representan tus fortalezas en comunicación.

✓ ¿Cuáles afirmaciones obtuvieron 3 o menos? Estas indican áreas a mejorar.

Paso 2: Analiza el Enfoque de Sheryl Sandberg

Reflexión sobre el estudio de caso:

- ¿Qué aspectos del estilo de comunicación de Sandberg resuenan contigo?

- ¿Cómo te inspira su equilibrio entre asertividad y empatía para adaptar tu propio enfoque?

- ¿Qué técnicas de preparación puedes adoptar para fortalecer tu confianza y claridad?

Paso 3: Crea tu Estrategia de Comunicación

Basado en tu autoevaluación y reflexiones, define acciones específicas para mejorar tu comunicación.

Área de enfoque	Acciones a tomar	Plazo
Técnicas de preparación	Investigar las necesidades de la audiencia antes de presentaciones.	Próxima presentación
Equilibrar asertividad y empatía	Practicar cómo dar retroalimentación constructiva manteniendo claridad.	Reuniones semanales
Explicar ideas complejas con claridad	Usar analogías o ejemplos prácticos para simplificar conceptos técnicos.	Continuo

Paso 4: Practica y Recibe Retroalimentación

Tarea:

- Selecciona una próxima reunión o presentación para aplicar tu estrategia.
- Grábate o solicita retroalimentación de un colega o mentor.
- Usa la siguiente tabla para registrar observaciones:

Fortalezas observadas	Áreas de mejora	Plan de acción para la próxima vez
Explicaciones claras y uso de ejemplos.	Necesito mantener mejor contacto visual.	Enfocarme en mantener contacto visual con la audiencia.

Paso 5: Reflexiona y Ajusta

Preguntas de reflexión:

- ¿Cómo te sentiste al abordar la comunicación con mayor preparación e intención?
- ¿Tus ajustes generaron un impacto notable en la forma en que los demás respondieron?
- ¿Qué seguirás practicando para seguir mejorando?

💡 Conclusión:

Refinar tu estilo de comunicación no solo fortalecerá tu liderazgo, sino que también te permitirá influir, conectar y liderar con mayor impacto. Al aplicar estos pasos, te convertirás en una comunicadora más segura, estratégica y efectiva en cualquier entorno profesional.

3.4 Retroalimentación para el Crecimiento

Imagina entrar en una sala llena de colegas, mentores y líderes de la industria, cada uno listo para ofrecerte ideas que podrían moldear la trayectoria de tu carrera. En este espacio, cada conversación tiene el potencial de desbloquear nuevas perspectivas, resaltar fortalezas no exploradas y perfeccionar áreas de crecimiento. Este es el poder de la retroalimentación constructiva, una herramienta vital que no solo mejora el desarrollo profesional, sino que también fortalece la resiliencia y la adaptabilidad en el liderazgo.

La retroalimentación funciona como un espejo, reflejando tanto los logros como las oportunidades de mejora. Los profesionales más exitosos no solo reciben retroalimentación; la buscan activamente. Cuando se aborda con una mente abierta, la retroalimentación constructiva puede transformar la manera en que nos comunicamos, colaboramos y lideramos. Proporciona consejos específicos y accionables diseñados para apoyar, perfeccionar y elevar nuestras habilidades, convirtiéndose en un activo invaluable en cualquier trayectoria profesional.

Sin embargo, no toda la retroalimentación es igual. La retroalimentación constructiva es clara, accionable y tiene la intención de impulsar, ofreciendo soluciones y orientación para la mejora. En contraste, la retroalimentación destructiva suele ser vaga, excesivamente crítica o desmotivadora, sirviendo más como un obstáculo que como una oportunidad. Aprender a diferenciar entre ambas permite aceptar la retroalimentación que impulsa el progreso mientras se filtra aquella que carece de sustancia o intención de apoyo.

Para aprovechar verdaderamente la retroalimentación, es necesario desarrollar una mentalidad de aprendizaje continuo—dar la bienvenida a las perspectivas de colegas, mentores e incluso a los desafíos en el camino. Esto requiere confianza, autoconciencia y un compromiso con la evolución profesional. Ya sea retroalimentación de una evaluación de desempeño, el consejo de un mentor o la opinión de un colega sobre un proyecto reciente, cada aporte es una oportunidad para perfeccionar nuestras habilidades de liderazgo y avanzar en nuestra carrera.

Cuando se asume con seriedad y se aplica estratégicamente, la retroalimentación no es solo una respuesta pasiva a la crítica, sino una herramienta activa para la excelencia en el liderazgo, el crecimiento profesional y el éxito a largo plazo.

Para aprovechar eficazmente los beneficios de la retroalimentación, es crucial establecer estrategias para solicitarla y recibirla. Programar sesiones regulares de retroalimentación con colegas y supervisores crea un ambiente estructurado donde las ideas pueden compartirse abiertamente. Estas sesiones deben abordarse con curiosidad y un genuino deseo de mejorar, asegurando que la retroalimentación sea recibida con apertura e integrada en los planes de desarrollo personal. Crear una cultura de retroalimentación abierta dentro del equipo u organización facilita aún más este proceso. Se debe fomentar un diálogo bidireccional en el que la retroalimentación no solo se brinde, sino que también se reciba con aprecio y consideración. Esta cultura fomenta la confianza y la transparencia, permitiendo intercambios honestos y constructivos que benefician a todas las partes involucradas. Abrazar la retroalimentación como un proceso continuo en lugar de un evento aislado garantiza que el aprendizaje y el crecimiento se mantengan como una prioridad en la trayectoria profesional.

Una vez recibida la retroalimentación, el siguiente paso es transformarla en planes de mejora accionables. Esto implica desarrollar objetivos de desarrollo personal que estén alineados con los conocimientos obtenidos a partir de la retroalimentación. Estos objetivos deben ser específicos, medibles y con un plazo definido, proporcionando una hoja de ruta clara para el crecimiento y el desarrollo. Implementar cambios basados en la retroalimentación requiere compromiso y perseverancia, ya que a menudo implica salir de la zona de confort y asumir nuevos desafíos. Sin embargo, las recompensas de este proceso son significativas, ya que conducen a habilidades mejoradas, mayor confianza y un mayor éxito profesional. Al ver la retroalimentación como un recurso valioso, puedes refinar continuamente tus habilidades y adaptarte a las demandas en constante evolución del entorno laboral.

Ejercicio:
Dar y Recibir Retroalimentación Constructiva para el Crecimiento

Este ejercicio está diseñado para ayudarte a recopilar y proporcionar retroalimentación constructiva de manera efectiva, identificar áreas de mejora y crear un plan de acción para fomentar el crecimiento personal y profesional.

Paso 1: Recopilar Retroalimentación

1. Identifica de 3 a 5 fuentes de confianza (colegas, mentores, gerentes) a quienes solicitar retroalimentación.
2. Formula preguntas específicas para obtener respuestas accionables:
   - ¿Cuál es una fortaleza que debería seguir potenciando?
   - ¿En qué área podría mejorar?
   - ¿Cómo percibes mi estilo de liderazgo o comunicación?
   - ¿Puedes compartir un ejemplo reciente que te haya llamado la atención?

Plantilla para Recopilación de Retroalimentación:

Fuente de Retroalimentación	Fortalezas Destacadas	Áreas de Mejora	Ejemplo Proporcionado
Gerente	Comunicación clara en reuniones.	Mejorar el seguimiento para mayor claridad.	"En la última actualización de proyecto, faltaban fechas límite."
Compañero	Excelente colaboración y motivación del equipo.	Delegar más para evitar sobrecarga.	"Te hiciste cargo de demasiadas tareas por tu cuenta."

Paso 2: Proporcionar Retroalimentación Constructiva

1. Practica dar retroalimentación utilizando el Modelo SBI (Situación, Comportamiento, Impacto):

    o Situación – Describe el contexto específico.

    o Comportamiento – Enfócate en acciones observables, no en suposiciones.

    o Impacto – Explica cómo afectó la situación a ti o al equipo.

Ejemplo:
"En la reunión de ayer (Situación), interrumpiste varias veces mientras otros compartían ideas (Comportamiento). Esto dificultó que algunos miembros del equipo pudieran contribuir (Impacto)."

2. Lista de Verificación para Dar Retroalimentación:

    ✓ Sé específico y evita comentarios vagos.

    ✓ Enfócate en el comportamiento, no en la personalidad.

    ✓ Ofrece soluciones y resalta aspectos positivos junto con las áreas de mejora.

Pregunta de Reflexión:
- ¿Cómo reaccionó la persona a tu retroalimentación?
- ¿La retroalimentación llevó a una conversación productiva o a un resultado accionable?

Paso 3: Tomar Acción para Mejorar

Utiliza la retroalimentación recibida para desarrollar un plan de mejora claro.

Plantilla sugerida:

Retroalimentación Recibida	Acciones a Tomar	Plazo	Recursos Necesarios
Mejorar el seguimiento en proyectos.	Crear una plantilla de seguimiento y enviar resúmenes después de cada reunión.	2 semanas	Plantilla de correo, app de seguimiento de tareas.
Delegar tareas de manera más efectiva.	Identificar tareas para delegar y asignar responsabilidades claras.	1 mes	Herramientas de colaboración en equipo.

Paso 4: Revisar el Progreso y Reflexionar

Revisa periódicamente tu retroalimentación y plan de acción para hacer seguimiento y realizar ajustes según sea necesario.

Plantilla de Seguimiento:

Meta	Estado Actual	Próximos Pasos
Mejorar el seguimiento en proyectos.	Usando plantillas, la comunicación con el equipo ha mejorado.	Agregar fechas límite en los correos de seguimiento.
Delegar tareas de manera más efectiva.	Delegué 3 tareas; el equipo las está gestionando bien.	Identificar más oportunidades de delegación.

Preguntas de Reflexión:

- ¿Qué ha mejorado desde que aplicaste la retroalimentación?
- ¿Qué desafíos enfrentaste y cómo los abordaste?

3.5 Manejando la Crítica y Convirtiéndola en Oportunidad

Navegar en el mundo de la retroalimentación profesional requiere distinguir entre la crítica y la retroalimentación constructiva, ya que cada una tiene propósitos e impactos diferentes. La retroalimentación constructiva se caracteriza por su intención de guiar y mejorar. Es específica, accionable y se enfoca en el comportamiento en lugar de en atributos personales. Por ejemplo, una sugerencia para mejorar las habilidades de presentación con ejemplos concretos es constructiva. En contraste, la crítica destructiva suele carecer de especificidad y puede sentirse personal, con el objetivo de desacreditar en lugar de impulsar el crecimiento. Reconocer estas diferencias es crucial para responder adecuadamente. Al enfrentarte a una crítica, es esencial evaluar si ofrece perspectivas valiosas o simplemente refleja los sesgos del crítico. Este discernimiento te permite abordar la retroalimentación de manera estratégica, aceptando los consejos constructivos y desestimando la negatividad infundada.

Manejar la crítica de manera efectiva implica desarrollar habilidades que conviertan los desafíos en oportunidades de crecimiento. La regulación emocional es la base de este proceso, permitiéndote mantener la compostura y responder con reflexión en lugar de reaccionar impulsivamente. Técnicas como la respiración profunda y la atención  plena pueden ayudarte a gestionar la respuesta emocional inicial, facilitando un enfoque más equilibrado. Buscar aclaraciones y contexto es otra estrategia clave. Hacer preguntas para comprender la perspectiva del crítico te permite obtener información sobre sus observaciones e intenciones. Este enfoque no solo aclara la retroalimentación, sino que también demuestra tu compromiso con la mejora. Las prácticas de escucha reflexiva fortalecen aún más este proceso, ya que implican escuchar activamente la retroalimentación, parafrasearla y confirmar tu comprensión. Esta técnica asegura que comprendas completamente la crítica y puedas abordarla de manera productiva.

La crítica, cuando se reinterpreta, puede servir como un poderoso catalizador para el desarrollo personal y profesional. Al verla como una oportunidad en lugar de una amenaza, puedes descubrir lecciones subyacentes que contribuyen a tu crecimiento. Por ejemplo, una crítica sobre la gestión del tiempo puede revelar la necesidad de mejorar la priorización y la planificación. Aceptar esta retroalimentación como una oportunidad para perfeccionar estas habilidades puede aumentar la eficiencia y efectividad. Este cambio de perspectiva transforma la crítica de una fuente de frustración a una herramienta de aprendizaje valiosa. Al identificar los elementos constructivos dentro de la crítica, puedes establecer metas e implementar cambios que impulsen tu mejora y avance profesional. Este enfoque proactivo fomenta resiliencia y adaptabilidad, cualidades esenciales para enfrentar la complejidad del entorno laboral.

Consideremos ejemplos de líderes que han convertido la crítica en éxito, demostrando el poder transformador de aceptar la retroalimentación. Un caso notable es el de una ejecutiva senior que enfrentó críticas severas sobre su estilo de gestión. En lugar de ignorarlas, buscó mentoría y participó en sesiones de coaching de liderazgo para abordar las preocupaciones planteadas. A través de la introspección y el desarrollo focalizado, transformó su enfoque y eventualmente recibió reconocimiento por su efectividad como líder. Este caso ilustra cómo la crítica, cuando se enfrenta con una mentalidad abierta, puede conducir a la transformación personal y al éxito profesional. Relatos de sesiones de coaching de liderazgo refuerzan aún más este potencial. Los participantes suelen contar cómo la crítica constructiva les brindó claridad y dirección, ayudándolos a perfeccionar sus habilidades y alcanzar sus metas de liderazgo.

En el entorno dinámico del desarrollo profesional, manejar la crítica con aplomo y convertirla en una oportunidad es una habilidad que distingue a los líderes exitosos. Al diferenciar los tipos de retroalimentación, aplicar estrategias de gestión efectiva y aceptar la crítica como una herramienta de crecimiento, puedes enfrentar los desafíos con confianza y salir fortalecido y más capacitado. Desde esta perspectiva, la crítica deja de ser una barrera y se convierte en un trampolín hacia el logro de tu máximo potencial.

3.6 Cultivando una Cultura de Colaboración e Inclusión

En el entorno laboral actual, la colaboración y la inclusión no son solo metas aspiracionales; son componentes fundamentales de una cultura organizacional próspera. La colaboración implica trabajar juntos hacia objetivos comunes, aprovechando las habilidades y perspectivas diversas de cada miembro del equipo. La inclusión garantiza que todas las personas, independientemente de su origen, se sientan valoradas y empoderadas para aportar sus ideas únicas. Juntas, estas prácticas crean un ambiente donde la creatividad y la innovación florecen.

Los equipos diversos aportan una riqueza de experiencias y puntos de vista, lo que da lugar a una resolución de problemas y toma de decisiones más completas. Numerosos estudios han demostrado que las organizaciones que adoptan la diversidad y la inclusión superan a sus competidores, logrando mayores niveles de satisfacción y retención de empleados.

Para promover la colaboración, los líderes deben implementar estrategias que incentiven el trabajo en equipo y eliminen barreras:

Actividades de integración:

✓ Fortalecen los lazos entre colegas.

✓ Promueven la confianza y la comunicación abierta.

✓ Pueden ser desde talleres estructurados hasta reuniones informales para fomentar la cercanía y el entendimiento.

Proyectos interdepartamentales:

✓ Reúnen a personas con diferentes áreas de especialización.

✓ Rompen barreras organizacionales, fomentando unidad y propósito compartido.

Establecer canales de comunicación abiertos:

✓ Reuniones regulares de equipo, sesiones de retroalimentación y plataformas digitales de colaboración.

✓ Garantizan el flujo de información y que todos los miembros del equipo tengan voz.

✓ Una comunicación abierta y transparente sienta las bases para una colaboración efectiva.

Los líderes desempeñan un papel clave en la promoción de la inclusión. Son quienes establecen el tono de la cultura organizacional, modelando comportamientos inclusivos y liderando iniciativas de diversidad.

Programas de capacitación en diversidad e inclusión:

✓ Educan a los empleados sobre la importancia de la diversidad.

✓ Proporcionan herramientas prácticas para construir un entorno inclusivo.

✓ Ayudan a identificar y mitigar sesgos inconscientes.

Liderar con el ejemplo:

✓ Solicitar la opinión de todos los miembros del equipo.

✓ Reconocer diversas perspectivas y abordar sesgos.

✓ Demostrar en la práctica que la inclusión es una responsabilidad compartida.

Cuando los líderes encarnan estos valores, inspiran a otros a hacer lo mismo, creando un impacto positivo en toda la organización.

A lo largo de nuestra exploración de la dinámica en el entorno laboral, queda claro que fomentar una cultura de colaboración e inclusión es clave para el éxito organizacional. Estas prácticas crean ambientes donde las personas se sienten valoradas y empoderadas, impulsando la innovación y el crecimiento.

En el próximo capítulo, exploraremos estrategias para lograr un equilibrio entre el trabajo y la vida personal, analizando cómo los líderes pueden apoyar a sus equipos en la armonización de responsabilidades profesionales y personales.

Capítulo 4: Dominando el Equilibrio Vida-Trabajo

"No confundas tener una carrera con tener una vida."
— *Hillary Clinton*

4.1 Estableciendo Límites

Imagina a una equilibrista suspendida en el aire, manteniendo su balance con precisión y gracia. La tensión de la cuerda bajo sus pies refleja el delicado equilibrio que muchas mujeres buscan alcanzar entre su vida profesional y personal. Este acto de equilibrio no se trata solo de administrar el tiempo; se trata de establecer límites que te permitan prosperar en ambos ámbitos sin comprometer tu bienestar. Como mujer en una posición de liderazgo, mantener este balance es esencial para preservar tu energía y efectividad. Sin embargo, lograrlo puede parecer un desafío inalcanzable. Establecer límites claros es un paso fundamental para navegar este complejo escenario.

Los límites actúan como barreras protectoras que resguardan tu tiempo y energía, ayudándote a diferenciar entre el trabajo y la vida personal. Te permiten asignar tiempo tanto para tus responsabilidades profesionales como para tu bienestar personal, evitando el agotamiento y mejorando tu calidad de vida.

Implementar límites en el ámbito profesional requiere comunicación transparente y aplicación constante. Una estrategia efectiva es establecer horarios específicos para la comunicación laboral, definiendo claramente cuándo estás disponible para reuniones o correos electrónicos y cuándo no. De manera similar, crear espacios "libres de trabajo" en casa refuerza estos límites. Estos espacios pueden ser físicos, como una oficina en casa con una puerta cerrada, o temporales, como la regla de no revisar correos después de cierta hora. Adoptar estas estrategias no solo protege tu tiempo, sino que también promueve una cultura de respeto y equilibrio en el entorno laboral.

Priorizar tareas requiere un enfoque estratégico, concentrándose en las actividades más relevantes. La Matriz de Eisenhower es una herramienta eficaz para clasificar tareas según su urgencia e importancia, ayudándote a identificar qué requiere acción inmediata y qué puede posponerse, delegarse o descartarse por completo. Además, las sesiones de planificación semanal son fundamentales para mantener el enfoque. Dedicar tiempo a planificar tu semana garantiza que priorices las tareas con mayor impacto, abarcando tanto tus compromisos profesionales como personales. Este enfoque equilibrado en la gestión del tiempo alinea tus esfuerzos diarios con tus objetivos a largo plazo, proporcionando una dirección clara y ayudándote a centrarte en lo que realmente importa.

La capacidad de decir 'no' es esencial para mantener un equilibrio entre el trabajo y la vida personal. Rechazar compromisos no esenciales conserva tu energía y evita que te sobrecargues. Practicar esta habilidad a través de escenarios de juego de roles puede fortalecer tu confianza para proteger tu tiempo. Establecer una política personal de "no" también ayuda a reforzar este límite. Esta política implica definir criterios específicos para aceptar o rechazar solicitudes, asegurando que tus decisiones estén alineadas con tus prioridades. Este enfoque estructurado te permite tomar decisiones que respalden tanto tu bienestar como tu éxito profesional.

Reflexionar sobre tus prioridades personales es clave para garantizar que tus acciones estén alineadas con tus valores y objetivos. Tomarte el tiempo para evaluar si tus compromisos están en sintonía con lo que realmente valoras y deseas alcanzar es fundamental. Ejercicios de escritura reflexiva enfocados en tus valores pueden ofrecer perspectivas profundas sobre lo que es verdaderamente importante para ti. Registrar estas reflexiones crea un registro tangible de tus prioridades, guiando tus decisiones y acciones. Realizar revisiones trimestrales de tus prioridades te permite evaluar tu progreso y ajustar tu enfoque según sea necesario. Este hábito reflexivo garantiza que tus esfuerzos continúen alineados con tus prioridades en evolución, permitiéndote manejar la complejidad del trabajo y la vida personal con intención y claridad.

4.2 Delegación: Empoderando a tu Equipo y a Ti Misma

En el liderazgo, la delegación emerge como una habilidad fundamental que mejora la productividad y fomenta el crecimiento y desarrollo de los miembros del equipo. Es un proceso estratégico que implica confiar tareas a otros, permitiéndote concentrarte en responsabilidades de mayor nivel mientras brindas a tu equipo la oportunidad de adquirir nuevas habilidades y aumentar su contribución a la organización.

Delegar eficazmente no se trata solo de descargar tareas; se trata de empoderar a tu equipo, generar confianza y promover un sentido de propiedad y responsabilidad. Como líder, dominar la delegación te permite aprovechar las fortalezas colectivas de tu equipo, lo que lleva a una mayor eficiencia e innovación.

El éxito en la delegación comienza con un marco claro, iniciando con la identificación de qué tareas pueden delegarse. Considera qué tareas no requieren tu experiencia específica y pueden ser confiadas a otros. Esto puede incluir tareas administrativas rutinarias o proyectos que brinden oportunidades para que los miembros del equipo aprendan y crezcan. Una vez identificadas las tareas, el siguiente paso es asignarlas a los miembros adecuados del equipo. Esto requiere comprender las fortalezas, habilidades y necesidades de desarrollo de cada integrante. Delegar tareas que se alineen con estos atributos no solo garantiza su correcta ejecución, sino que también contribuye al crecimiento profesional del individuo. Establecer expectativas y resultados claros es crucial. Comunica los objetivos, plazos y cualquier requisito específico de manera clara, asegurando que los miembros del equipo tengan una comprensión completa de la tarea asignada. Esta claridad proporciona una hoja de ruta para el éxito y minimiza el riesgo de malentendidos o errores.

Empoderar a los miembros del equipo a través de la delegación tiene numerosos beneficios. Mejora la moral al demostrar confianza en sus habilidades, alentándolos a tomar iniciativa y contribuir de manera más activa. Cuando los miembros del equipo se sienten valorados y empoderados, es más probable que se involucren en su trabajo y busquen oportunidades de desarrollo. Este empoderamiento conduce al desarrollo de habilidades, ya que los miembros del equipo se enfrentan a nuevos desafíos y responsabilidades. Historias de éxito abundan en equipos que han prosperado gracias a una delegación efectiva. Por ejemplo, un equipo de marketing que tuvo la autonomía para planificar y ejecutar una campaña no solo logró resultados sobresalientes, sino que también desarrolló nuevas estrategias creativas que se convirtieron en un estándar para futuros proyectos. Estas historias resaltan el impacto transformador de la delegación en la creación de una cultura de innovación y colaboración.

A pesar de sus beneficios, la delegación puede presentar desafíos, particularmente relacionados con la confianza y el control. Muchos líderes luchan con el temor de perder el control y el deseo de microgestionar, lo que puede socavar el proceso de delegación. Superar estas tendencias requiere un cambio de mentalidad. Reconoce que la delegación es una oportunidad de crecimiento tanto para ti como para tu equipo. Al ceder el control, permites que los miembros del equipo desarrollen sus capacidades y asuman la responsabilidad de su trabajo. Construir confianza a través de una comunicación abierta es esencial. Reuniones de seguimiento regulares y sesiones de retroalimentación pueden brindar seguridad y apoyo, permitiéndote guiar a los miembros del equipo sin sobrepasar los límites. Esta comunicación fomenta un entorno colaborativo en el que los miembros del equipo se sienten respaldados y seguros de sus habilidades.

Abordar los desafíos comunes de la delegación a menudo implica autorreflexión y ajuste de los estilos de liderazgo. Los líderes deben reconocer su propia renuencia a delegar y trabajar para construir una cultura de confianza y empoderamiento dentro de sus equipos. Al centrarse en las fortalezas y el potencial de cada miembro del equipo, puedes crear un entorno de apoyo donde la delegación se convierta en un proceso natural y efectivo. A medida que construyes confianza y fomentas una comunicación abierta, estableces las bases para una delegación exitosa, empoderando a tu equipo para prosperar y contribuyendo al éxito general de la organización.

Ejercicio Interactivo:

Dominar la Delegación para el Crecimiento

Este ejercicio te ayudará a desarrollar la habilidad de delegar eficazmente, permitiéndote empoderar a tu equipo mientras superas desafíos comunes como la confianza y el control.

Paso 1: Autorreflexión sobre los Hábitos de Delegación

Reflexiona sobre tus prácticas actuales de delegación utilizando las siguientes preguntas. Escribe tus respuestas en un diario o cuaderno.

Preguntas de Reflexión:

- ¿Qué tareas suelo delegar?
- ¿Encuentro difícil delegar ciertas tareas? ¿Por qué?
- ¿Qué temores o preocupaciones tengo al delegar en mi equipo?
- ¿Qué tan confiado/a estoy en la capacidad de mi equipo para manejar tareas delegadas?

Paso 2: Marco de Planificación para la Delegación

Sigue los pasos a continuación para crear un plan de delegación para un próximo proyecto o responsabilidad. Usa la tabla proporcionada para organizar tus ideas.

Pasos para delegar eficazmente:

1. Identificar tareas a delegar: Enumera 2-3 tareas que no requieran tu experiencia directa o que representen oportunidades de crecimiento para tu equipo.

2. Asignar tareas a los miembros adecuados: Considera las fortalezas, habilidades y áreas de desarrollo de cada persona.
3. Establecer expectativas claras: Define objetivos, plazos y entregables clave.
4. Supervisar el progreso y brindar retroalimentación: Programa revisiones periódicas para garantizar alineación y apoyo.

Ejemplo de Tabla de Plan de Delegación:

Tarea	Miembro Asignado	Habilidades Necesarias	Resultado Esperado	Plazo	Fecha de Revisión
Actualizar la línea de tiempo del proyecto	Sarah	Gestión del tiempo, atención al detalle	Cronograma preciso para el seguimiento del proyecto	10 días	Revisión semanal
Diseñar gráficos para la campaña	Emily	Creatividad, herramientas de diseño	Gráficos de alta calidad y atractivo visual	15 días	Retroalimentación a la mitad del proyecto
Redactar propuesta para cliente	John	Redacción, enfoque en el cliente	Propuesta clara y persuasiva	5 días	Un día antes de la fecha de entrega

Paso 3: Construcción de Confianza y Comunicación

Practica una comunicación abierta con tu equipo para fortalecer la confianza y empoderarlos. Aplica las siguientes estrategias:

✓ Supervisar sin Micro-manejar: Programa actualizaciones breves para monitorear avances sin quitar autonomía.

✓ Retroalimentación enfocada en el Crecimiento: Brinda comentarios constructivos que resalten fortalezas y sugieran mejoras.

Preguntas de Reflexión después de la Comunicación:

- ¿Cómo demostré confianza en las habilidades de mi equipo?
- ¿Qué resultados positivos noté al empoderarlos?

Paso 4: Superar los Desafíos de la Delegación

Identifica un desafío que enfrentas al delegar y desarrolla una estrategia para superarlo.

Ejemplo de Tabla para Superar Desafíos:

Desafío	Solución Propuesta
Miedo a perder el control	Enfocarme en los beneficios de delegar y programar revisiones estructuradas.
Renuencia a delegar tareas importantes	Comenzar delegando pequeñas partes de tareas clave para generar confianza.

Paso 5: Celebrar los Logros de la Delegación

Reconoce los resultados positivos de tus esfuerzos en delegación. Reflexiona sobre cómo creció tu equipo y cómo impactó tu liderazgo.

4.3 Técnicas de Gestión del Tiempo para Líderes Ocupados

Una gestión eficaz del tiempo es como manejar un instrumento finamente afinado: te permite gestionar múltiples demandas con precisión y confianza. Entre las diversas metodologías de administración del tiempo, la *Técnica Pomodoro* destaca como una herramienta para mejorar el enfoque. Este método consiste en trabajar en intervalos de alta concentración, generalmente de 25 minutos, seguidos de un descanso corto. Estos períodos, llamados "Pomodoros", ayudan a mantener altos niveles de concentración y evitar la fatiga mental. Al estructurar tu jornada laboral de esta manera, las tareas que antes parecían abrumadoras se vuelven manejables, optimizando la productividad y el rendimiento.

Otra estrategia poderosa es el bloqueo de tiempo. Este método implica dividir tu jornada en bloques de tiempo dedicados a tareas o actividades específicas. Al asignar un propósito a cada segmento del día, creas una agenda estructurada que minimiza distracciones y mejora la eficiencia. El bloqueo de tiempo proporciona una hoja de ruta visual de tu día, asegurando que las tareas prioritarias reciban la atención necesaria. Además, la Regla del 80/20, también conocida como el Principio de Pareto, es una guía valiosa para la priorización. Este principio sugiere que el 80% de los resultados provienen del 20% de los esfuerzos. Identificando y enfocándote en actividades de alto impacto, puedes distribuir tu tiempo y recursos de manera más efectiva, maximizando la productividad y minimizando el esfuerzo desperdiciado.

Además de estas técnicas, existen diversas herramientas digitales que pueden ayudarte a mejorar tu gestión del tiempo. Aplicaciones de productividad como Trello y Asana ofrecen plataformas para organizar tareas y hacer seguimiento del progreso. Estas aplicaciones te permiten crear listas de tareas, establecer fechas límite y monitorear tu flujo de trabajo, proporcionando una visión clara de tus responsabilidades. Analizar registros de tiempo también puede ofrecer información valiosa sobre cómo distribuyes tu jornada. Revisar estos registros te ayuda a identificar patrones, reconocer áreas de mejora y ajustar tus estrategias para aumentar la productividad. Este enfoque basado en datos te permite tomar decisiones informadas sobre cómo invertir tu tiempo, asegurando que esté alineado con tus objetivos.

Sin embargo, la flexibilidad es clave en la gestión efectiva del tiempo. En un entorno de liderazgo en constante cambio, la adaptabilidad es crucial para manejar tareas imprevistas y cambios en prioridades. Gestionar interrupciones con estrategias como programar horarios específicos para revisar correos electrónicos o resolver problemas urgentes te permite mantener el enfoque sin descuidar responsabilidades inesperadas. Incluir tiempos de reserva en tu agenda diaria es otra técnica efectiva. Estos períodos de margen permiten absorber retrasos imprevistos o aprovechar oportunidades, asegurando que tu planificación sea flexible y realista. Al adoptar una mentalidad adaptable, puedes gestionar imprevistos con agilidad y mantener el impulso hacia tus objetivos.

A medida que incorporas estas técnicas de gestión del tiempo en tu práctica de liderazgo, recuerda que el objetivo no es llenar cada momento con actividad, sino asegurarte de que tu tiempo esté alineado con tus prioridades y valores. Equilibrando estructura con flexibilidad, lograrás mayor eficacia y satisfacción en tu rol de liderazgo.

Actividad:

Dominando la Gestión del Tiempo Usando Prioridades, Valores y Técnicas Comprobadas

Esta actividad te ayudará a integrar estrategias de gestión del tiempo, incluyendo la Técnica Pomodoro, la Regla 80/20 y la alineación con prioridades y valores, en un flujo de trabajo estructurado inspirado en herramientas como Trello y Asana.

Paso 1: Definir Prioridades Alineadas con Valores

1. Enumera tus principales prioridades para el día o la semana.
2. Reflexiona sobre cómo cada prioridad se alinea con tus valores y objetivos profesionales.

🖋 Plantilla:

Prioridad	Por qué es importante (Valores/Objetivos)	Fecha Límite
Completar informe del proyecto	Demuestra responsabilidad y liderazgo.	Fin de la semana.
Preparar presentación para cliente	Alineado con la innovación y la creación de asociaciones.	Mañana.

Paso 2: Organizar Tareas con un Flujo de Trabajo Estilo Trello/Asana

1. Divide tus tareas en tres categorías:
   - Por Hacer: Tareas que necesitas iniciar.
   - En Progreso: Tareas en las que estás trabajando activamente.
   - Completado: Tareas finalizadas.

2. Escribe las tareas en notas adhesivas o usa una herramienta digital para moverlas entre columnas a medida que avances.

📜 Ejemplo de Tabla de Flujo de Trabajo:

Por Hacer	En Progreso	Completado
Investigar para la presentación del cliente.	Redactar presentación para cliente.	Finalizadas las reuniones semanales.
Revisar retroalimentación sobre el informe del proyecto.		

Paso 3: Usar la Técnica Pomodoro

1. Elige una tarea de tu lista "Por Hacer".

2. Configura un temporizador por 25 minutos y trabaja en la tarea sin interrupciones.

3. Toma un descanso de 5 minutos cuando termine el tiempo.

4. Repite durante cuatro ciclos Pomodoro, luego toma un descanso largo de 15-30 minutos.

📜 Preguntas de Reflexión:

- ¿Te ayudó la Técnica Pomodoro a mantenerte enfocado/a?
- ¿Qué tareas se beneficiaron más de este enfoque?

Paso 4: Aplicar la Regla 80/20

1. Revisa tus tareas e identifica el 20% de actividades que generarán el 80% de tus resultados.

2. Prioriza esas tareas al inicio de tu día o semana.

🔨 Plantilla:

Tarea	Impacto (Alto/Bajo)	Esfuerzo (Alto/Bajo)	Prioridad (Sí/No)
Preparar presentación para cliente	Alto	Bajo	Sí
Organizar reunión de equipo	Bajo	Alto	No

Paso 5: Alinear Bloques de Tiempo con Prioridades y Valores

1. Programa tus tareas en bloques de tiempo, asegurando que las de alta prioridad coincidan con tus niveles de energía más altos.
2. Reflexiona sobre cómo el uso de tu tiempo se alinea con tus valores y objetivos a largo plazo.

🔨 Plantilla:

Bloque de Tiempo	Tarea	Valor/Objetivo Alineado
9:00–10:00 AM	Preparar presentación para cliente	Innovación y responsabilidad.
10:30–11:00 AM	Revisar informe del proyecto	Liderazgo y atención al detalle.

🎯 Al integrar estas técnicas en tu día a día, optimizarás tu productividad mientras te aseguras de que tu tiempo refleje tus prioridades y valores más importantes.

4.4 Creando un Entorno Familiar de Apoyo

Un hogar armonioso actúa como un refugio esencial, equilibrando el bienestar personal con el éxito profesional. Es en este espacio seguro donde el apoyo emocional de la familia sirve de escudo protector ante las presiones del liderazgo, estableciendo una base sólida de fuerza, motivación y resiliencia. Un entorno hogareño positivo no solo proporciona consuelo, sino que también fortalece la determinación para enfrentar desafíos externos con confianza y serenidad. Esta seguridad y refuerzo positivo son fundamentales para mantener la eficacia y el bienestar en el liderazgo.

Para fomentar un ambiente positivo y armonioso en casa, considera establecer rutinas y rituales familiares que fortalezcan la conexión y proporcionen estabilidad. Estos rituales pueden incluir comidas compartidas, donde todos se reúnan para conversar sobre su día, o actividades de fin de semana que fomenten la diversión y la unión familiar. Por ejemplo, una noche de películas en familia los viernes o una caminata matutina los domingos pueden generar experiencias compartidas que refuercen el sentido de pertenencia y unidad. Asimismo, diseñar espacios compartidos dedicados al descanso y la interacción fortalece la sensación de armonía en el hogar. Crear rincones de lectura acogedores, áreas de juegos familiares o espacios multifuncionales para el ocio puede generar oportunidades de relajación e interacción significativa, reforzando los lazos familiares.

La comunicación abierta dentro del hogar es fundamental para abordar y resolver conflictos. Fomentar el diálogo garantiza que las preocupaciones se expresen con prontitud, evitando malentendidos y promoviendo el respeto mutuo. Las reuniones familiares pueden servir como una plataforma para discutir problemas, establecer expectativas y planificar el futuro. Estos encuentros promueven la transparencia y la colaboración, permitiendo que cada miembro exprese sus ideas y participe en la toma de decisiones. Aplicando técnicas de resolución de conflictos, como la escucha activa, respuestas empáticas y la resolución colaborativa de problemas, las familias pueden manejar desacuerdos con paciencia y comprensión. Este enfoque no solo resuelve problemas inmediatos, sino que también fortalece el núcleo familiar, preparándolo para enfrentar desafíos futuros con solidaridad y confianza mutua.

Para las familias que equilibran responsabilidades profesionales y personales, lograr un balance requiere esfuerzo intencional y colaboración. Compartir responsabilidades con la pareja e implementar estrategias para mejorar la eficiencia en el hogar puede marcar una gran diferencia.

En mi experiencia, compartir responsabilidades con mi esposo ha sido transformador. Nos enfrentamos a desafíos, especialmente cuando ciertas tareas se olvidaban o quedaban sin hacer, generando frustración y estrés innecesario. Para solucionar esto, implementamos una estrategia que ha traído orden y tranquilidad a nuestro hogar. Creamos una cuenta de Gmail compartida accesible desde ambos teléfonos y utilizamos su función de calendario para programar eventos familiares o relacionados con nuestros hijos. Activamos las notificaciones para que mi esposo reciba recordatorios en su celular, lo que ha aumentado significativamente la probabilidad de que las tareas se completen a tiempo. Este sistema simple pero efectivo ha reducido la falta de comunicación y nos ha permitido enfocarnos más en disfrutar el tiempo en familia. Espero que este consejo te inspire a encontrar soluciones adaptadas a la dinámica de tu hogar.

Otra medida que adoptamos fue hacer las compras del supermercado en línea. Antes, pasábamos entre 2 y 3 horas en el supermercado, a menudo comprando más de lo necesario. Ahora, con los alimentos entregados directamente a nuestra puerta, ahorramos tiempo, reducimos compras innecesarias y mantenemos un mejor control sobre nuestros gastos. Este pequeño cambio ha impactado positivamente nuestra capacidad de enfocarnos en lo que realmente importa.

Además, recomiendo el libro "Los 5 Lenguajes del Amor" de Gary Chapman. Esta valiosa guía me ayudó a comprender cómo expresar amor de manera más efectiva a cada miembro de la familia. Durante semanas ocupadas con trabajo y responsabilidades de crianza, podemos asegurarnos de demostrar amor de la forma en que ellos lo valoran, no solo según nuestra percepción. Ya sea a través de palabras de afirmación, actos de servicio, tiempo de calidad, regalos o contacto físico, descubrir y aplicar estos lenguajes fortalece los vínculos familiares incluso en las temporadas más ocupadas.

Acciones Prácticas para un Hogar de Apoyo

☑ Establece Rutinas Claras: Crea rituales que fortalezcan la conexión familiar, como comidas compartidas, reuniones regulares en familia o momentos dedicados a actividades recreativas.

☑ Usa la Tecnología para Organizarte: Aprovecha calendarios compartidos y aplicaciones de gestión de tareas para coordinar responsabilidades de manera efectiva.

☑ Optimiza las Tareas del Hogar: Identifica áreas donde puedas ahorrar tiempo, como compras en línea o servicios de preparación de comidas, para enfocarte en tus metas familiares y personales.

☑ Prioriza la Comunicación: Conversa regularmente sobre desafíos y logros en familia, asegurándote de que todos los miembros se sientan escuchados y valorados.

☑ Invierte en Fortalecer Relaciones: Lee recursos como "Los 5 Lenguajes del Amor" para profundizar la comprensión mutua y fortalecer los lazos familiares.

Al cultivar un entorno familiar de apoyo, compartir responsabilidades y enfocarte en sistemas eficientes, creas un refugio que nutre tu bienestar y te empodera para prosperar en el liderazgo y en todas las áreas de tu vida.

4.5 Practicando la Atención Plena para Reducir el Estrés

En un entorno de liderazgo de alta presión, el estrés a menudo parece inevitable. Sin embargo, integrar la atención plena en tu rutina diaria puede servir como una herramienta eficaz para la reducción del estrés y la claridad mental. La atención plena consiste en estar completamente presente y comprometido en el momento, sin distracción ni juicio. Implica desarrollar una mayor conciencia de tus pensamientos y emociones, permitiéndote gestionar el estrés de manera más efectiva.

La meditación con Atención Plena (*mindfulness*), un aspecto fundamental de esta práctica, te anima a enfocarte en tu respiración y observar tus pensamientos mientras pasan, fomentando una sensación de calma y equilibrio. Esta práctica meditativa despeja la mente y mejora tu capacidad para responder con reflexión ante situaciones desafiantes, mejorando tanto tu bienestar personal como tu efectividad en el liderazgo.

La integración de la atención plena en la vida cotidiana no tiene por qué ser un esfuerzo complejo. Prácticas simples, como ejercicios de respiración, pueden incorporarse sin interrupciones a tu rutina para mejorar la concentración y reducir el estrés.

Por ejemplo, tomarte unos minutos al día para realizar respiraciones profundas puede ayudarte a centrar tus pensamientos y calmar tu mente. Caminar conscientemente, prestando atención a la sensación de tus pies sobre el suelo y al ritmo de tu respiración, es otra técnica accesible. De igual manera, la alimentación consciente te anima a saborear cada bocado, enfocándote en los sabores y texturas de los alimentos.

Para quienes buscan apoyo guiado, aplicaciones de meditación como *Calm* y *Headspace* ofrecen sesiones estructuradas que hacen que la atención plena sea accesible y adaptable a tu agenda, brindando una variedad de meditaciones adecuadas a distintas necesidades y preferencias.

El impacto del *mindfulness* en el liderazgo es profundo, influyendo en la toma de decisiones y la regulación emocional. Al cultivar la atención plena, los líderes pueden desarrollar una mayor claridad y concentración, mejorando su capacidad para evaluar situaciones complejas de manera objetiva.

Esta práctica fomenta un enfoque reflexivo ante los desafíos, promoviendo una respuesta serena y calculada que beneficia tanto al líder como a su equipo. Estudios de casos sobre liderazgo basado en *mindfulness* han demostrado que los líderes que priorizan esta práctica están mejor preparados para manejar el estrés, tomar decisiones informadas y mantener el equilibrio emocional.

Los testimonios de mujeres líderes que han adoptado la atención plena resaltan sus efectos transformadores, destacando mejoras tanto en la resiliencia personal como en la agudeza profesional.

Existen numerosos recursos disponibles que pueden apoyar este proceso.

📚 Libros recomendados:

- *"El Milagro de la Atención Plena"* – Thich Nhat Hanh
- *"Buscar Dentro de Ti Mismo"* – Chade-Meng Tan

🎓 Cursos y talleres → Disponibles tanto de manera presencial como en línea, estos programas ofrecen experiencias interactivas que profundizan en la práctica y aplicación del *mindfulness*.

🌿 Retiros de *mindfulness* → Ofrecen una experiencia más inmersiva, permitiendo un tiempo y espacios dedicados para fortalecer la práctica y obtener nuevas perspectivas.

Recuerda que es una práctica personal que puede adaptarse a tus necesidades y estilo de vida. Ya sea a través de la meditación, la respiración consciente u otras técnicas, el *mindfulness* ofrece un camino hacia una mayor claridad, equilibrio y resiliencia en tu rol de liderazgo.

4.6 Rutinas de Autocuidado para Mantener la Energía

El autocuidado no es un lujo, sino una necesidad. Es la base sobre la cual se construyen la energía, la resiliencia y la claridad mental. El autocuidado va más allá de lo físico, abarcando el bienestar mental, emocional y espiritual. Se trata de nutrir cada aspecto de uno mismo para sostener la energía necesaria que requiere un liderazgo efectivo.

Imagina tu bienestar como un depósito de energía: si no se repone regularmente, eventualmente se agota, dejándote exhausta y vulnerable al agotamiento y al estrés. Es por esto que el autocuidado es esencial. Funciona como un amortiguador que te protege de las exigencias implacables de las responsabilidades tanto profesionales como personales. El primer paso para crear una rutina de autocuidado efectiva es identificar qué actividades realmente te revitalizan y energizan.

🏃 Ejercicio físico y alimentación balanceada → Son pilares fundamentales de un estilo de vida saludable. La actividad física, ya sea una carrera matutina, yoga o una clase de baile, fortalece el cuerpo y agudiza la mente. La alimentación juega un papel clave: una dieta rica en nutrientes esenciales nutre el cuerpo y el cerebro, mejorando la capacidad de liderazgo.

🎨 Hobbies y creatividad → Tener pasatiempos como la pintura, la jardinería o tocar un instrumento ofrece una vía de escape mental, reduce el estrés y estimula la creatividad.

🛏 Tiempo de descanso programado → Apartar momentos para el descanso y el ocio asegura que recargues energía, manteniendo la resistencia y el enfoque para un rendimiento sostenible.

El autocuidado está directamente relacionado con la efectividad en el liderazgo. Las líderes que priorizan su bienestar tienden a mostrar mayores niveles de productividad y creatividad.

Estudios han demostrado que prácticas de autocuidado como el ejercicio regular y la gestión del estrés mejoran la función cognitiva y la toma de decisiones.

Ejemplo de liderazgo → Arianna Huffington, quien ha abogado públicamente por el autocuidado, enfatiza la importancia del sueño y la meditación en el éxito profesional. Su experiencia resalta el profundo impacto del bienestar personal en el rendimiento laboral.

Cuando las líderes cuidan de sí mismas, no solo mejoran su desempeño, sino que también inspiran a sus equipos a adoptar prácticas similares, creando una cultura organizacional basada en la salud y el equilibrio.

Un enfoque integral abarca los aspectos físicos, emocionales y mentales del bienestar:

🧘 Yoga y meditación → Ofrecen beneficios físicos y claridad mental, ayudando a reducir el estrés y regular las emociones.

🗣 Apoyo psicológico → Buscar orientación de un profesional de salud mental es un paso clave en el autocuidado. La terapia o el coaching pueden proporcionar herramientas valiosas para afrontar los desafíos del liderazgo con confianza y resiliencia.

💡 El resultado → Un liderazgo más centrado, equilibrado y empático, con mayor capacidad de afrontar retos sin comprometer el bienestar personal.

Al reflexionar sobre la importancia del equilibrio, es evidente que el autocuidado no es una práctica aislada, sino un componente fundamental para un liderazgo efectivo.

- Te permite mantener tu energía y concentración, asegurando que puedas dar lo mejor de ti tanto en el ámbito profesional como en el personal.

- Comprometerte con el autocuidado fortalecerá tu capacidad de liderazgo y mejorará tu calidad de vida.

En el próximo capítulo, exploraremos cómo avanzar en tu carrera de manera auténtica, alineando el éxito profesional con el autocuidado y el equilibrio sostenible.

Reseña del Libro

¡Tu Voz Importa!
Comparte tus pensamientos, inspira a otras.

Mientras exploras *El Poder de las Mujeres en el Liderazgo*, tómate un momento para reflexionar sobre lo que más ha resonado contigo. Tus ideas pueden motivar a otras mujeres a descubrir y abrazar su potencial de liderazgo.

Una breve reseña—ya sea una lección favorita, una historia impactante o un momento de revelación—puede inspirar a más mujeres a dar este paso, tal como tú lo has hecho. Tu voz impulsa un movimiento de apoyo y crecimiento entre mujeres líderes.

¡Gracias por ser parte de esta conversación!

Juntas, lideramos con autenticidad y valentía.

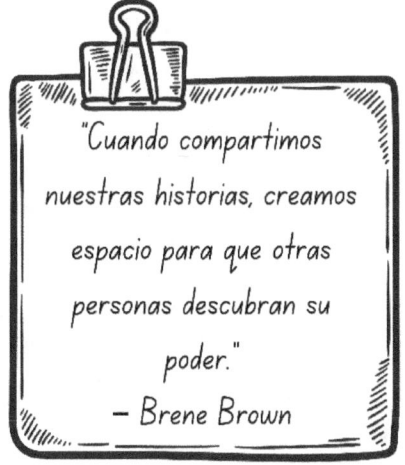

Capítulo 5: Avanzando en Tu Carrera de Manera Auténtica

"Si no encuentras un camino, haz uno." — *Eleanor Roosevelt*

5.1 Hoja de Ruta Profesional

El camino hacia el crecimiento profesional auténtico puede sentirse como navegar a través de un bosque denso. Cada sendero parece bifurcarse y el camino a seguir no siempre es claro. Para muchas mujeres, el viaje hacia el liderazgo está lleno de desafíos y oportunidades únicas que requieren planificación estratégica y pensamiento cuidadoso. Elaborar un plan personalizado de avance profesional no se trata solo de establecer metas ambiciosas, sino de crear una hoja de ruta alineada con tus aspiraciones y fortalezas. Este plan se convierte en tu brújula, guiándote a través de las complejidades del crecimiento profesional y asegurando que cada paso que tomes refleje tu verdadero ser.

Establecer metas profesionales es la base de una planificación de carrera efectiva. Comienza visualizando el éxito y definiendo cómo se ve para ti. Los tableros de visión son una herramienta poderosa en este proceso, ya que te permiten articular visualmente tus sueños y aspiraciones. Al crear un collage de imágenes y palabras que representen los resultados deseados, generas una representación tangible de tus objetivos, sirviendo como un recordatorio constante de lo que estás trabajando para lograr.

Además, la definición de objetivos debe incluir tanto metas a largo plazo como a corto plazo.

- Las **metas a largo plazo** establecen tus aspiraciones profesionales, como alcanzar un puesto de liderazgo o hacer la transición a una nueva industria.
- Las **metas a corto plazo** son los pasos accionables que te acercan a esas aspiraciones a largo plazo. Al dividir tu trayectoria en hitos manejables, puedes mantener el enfoque y la motivación a medida que avanzas.

Un marco estructurado para desarrollar tu plan de avance profesional implica establecer metas ***SMART*** *(por sus siglas en inglés)*:

☑ Específicas – Claras y bien definidas.
☑ Medibles – Con criterios que permitan evaluar el progreso.
☑ Alcanzables – Realistas y viables.
☑ Relevantes – Alineadas con tu crecimiento profesional.
☑ Con un plazo definido – Con una fecha límite para su cumplimiento.

Por ejemplo, en lugar de fijar un objetivo vago como *"mejorar mis habilidades de liderazgo"*, podrías definir *"inscribirme en un curso de desarrollo de liderazgo en los próximos seis meses"*. Esta especificidad permite una medición precisa y una evaluación constante, asegurando que tus metas sigan alineadas con tu visión profesional.

Otro componente clave es identificar las habilidades y competencias necesarias para alcanzar estos objetivos. Esto requiere una evaluación honesta de tus capacidades actuales y un plan estratégico para adquirir nuevas habilidades. Ya sea a través de educación formal, talleres o aprendizaje en el trabajo, el desarrollo continuo es fundamental para avanzar en tu carrera.

Además, crear una línea de tiempo para alcanzar hitos ayuda a organizar tus esfuerzos y proporciona un sentido de urgencia y dirección.

La autoevaluación regular es crucial para asegurar que sigues avanzando y adaptándote a las circunstancias cambiantes. Llevar un diario de tus logros y desafíos es una práctica de reflexión que ofrece información valiosa sobre tu crecimiento y áreas de mejora.

Asimismo, recibir retroalimentación de mentores y colegas proporciona perspectivas externas que pueden ayudarte a ajustar tu rumbo. La retroalimentación es un regalo que brinda claridad y dirección, permitiéndote perfeccionar tu plan y estrategias.

Alinear tu crecimiento profesional con tus valores personales es esencial para mantener tu integridad y autenticidad.

Las revisiones de alineación de valores garantizan que tus aspiraciones profesionales no comprometan tus principios y creencias. Reflexionar regularmente sobre cómo tus metas están en consonancia con tus valores fundamentales te permite tomar decisiones informadas que respeten tu esencia.

Los casos de éxito de trayectorias profesionales impulsadas por valores destacan la importancia de priorizar la integridad sobre los beneficios a corto plazo. Muchas líderes han avanzado en sus carreras sin comprometer sus valores, demostrando que es posible alcanzar el éxito de manera auténtica y ética.

Elaborar una hoja de ruta profesional alineada con tu identidad y valores te permite avanzar en tu carrera con confianza y propósito. Al definir metas claras, desarrollar un plan estratégico y mantener una autoevaluación constante, te aseguras de seguir un camino que refleje tu autenticidad y te lleve a un éxito sostenible.

Elemento Interactivo:

Creando Tu Ruta de Crecimiento Profesional

Este ejercicio te ayudará a visualizar tus metas y aspiraciones profesionales, sirviendo como un recordatorio diario del camino que estás siguiendo y del éxito que deseas alcanzar.

Paso 1: Prepara tu Tablero de Visión

Materiales Necesarios:
• Un tablero físico (ej. corcho, cartulina) o una plataforma digital (ej. Canva, Pinterest).
• Revistas, imágenes impresas o visuales en línea.
• Tijeras, pegamento, cinta adhesiva o chinchetas para un tablero físico.
• Frases inspiradoras, palabras o afirmaciones que reflejen tus objetivos.

◇ Preguntas de Reflexión:

¿Cómo se ve el éxito para mí?

¿Qué metas y aspiraciones profesionales quiero alcanzar?

¿Qué valores, habilidades o hábitos me ayudarán a lograr estas metas?

Paso 2: Busca Inspiración

1. Encuentra imágenes, palabras o citas que representen tu visión profesional.

Ejemplo: *Una foto de una mujer en un puesto de liderazgo, palabras como "Empoderamiento" o "Resiliencia", o una cita como "El éxito no es un accidente."*

2. Considera las siguientes categorías:

🎯 **Metas profesionales:** Promociones, roles de liderazgo, nuevas habilidades.

⚖️ **Equilibrio trabajo-vida:** Tiempo en familia, viajes, pasatiempos.

🌱 **Crecimiento personal:** Confianza, comunicación, inteligencia emocional.

Paso 3: Arma tu Tablero de Visión

1. Organiza las imágenes, palabras y citas en tu tablero o plataforma digital.

- Coloca los elementos más importantes en el centro.

- Agrupa temas similares (ej. desarrollo de habilidades, aspiraciones de liderazgo).

2. Usa un diseño que te parezca intuitivo e inspirador.

◇ *Opcional:*

✔ Agrega una línea de tiempo para alcanzar ciertas metas.

✔ Deja espacio para incorporar nuevos elementos a medida que evolucionan tus objetivos.

Paso 4: Exhibe y Reflexiona

- Coloca tu Tablero de Visión en un lugar visible, como tu área de trabajo o dormitorio.

- Dedica 5 minutos cada mañana o noche para reflexionar sobre él:

¿Qué pequeño paso puedo dar hoy para acercarme a mis metas?

Paso 5: Revisa y Actualiza

Cada 3 a 6 meses, revisa tu Tablero de Visión.

◇ Reflexiona sobre tu progreso:

- ¿Qué metas he logrado?

- ¿Siguen alineadas mis aspiraciones con mis valores y prioridades actuales?

🖉 Actualiza tu tablero con nuevas metas e inspiraciones.

Este Tablero será tu mapa visual hacia el éxito, recordándote constantemente lo que realmente importa en tu crecimiento personal y profesional. ¡Haz que cada imagen y palabra cuente!

5.2 Navegando en Promociones y Negociaciones

En el competitivo mundo laboral actual, obtener una promoción requiere más que solo desempeñar bien tu trabajo. Se trata de demostrar estratégicamente tus logros y tu preparación para asumir mayores responsabilidades. Documentar tus logros es un primer paso crucial. Mantén un registro detallado de tus contribuciones, resaltando éxitos cuantificables como el aumento en ventas, la finalización exitosa de proyectos o la reducción de costos. Esta documentación no solo sirve como evidencia de tu desempeño, sino que también construye una narrativa sólida sobre tu crecimiento y el impacto que generas.

"Nunca negociemos POR MIEDO. Pero nunca tengamos MIEDO DE NEGOCIAR."
— *John F. Kennedy*

Crear un caso de negocio para tu promoción es igualmente importante. Esto implica alinear tus contribuciones con los objetivos de la empresa y demostrar cómo tu ascenso beneficiaría a la organización. Presentar este caso a los tomadores de decisiones requiere claridad y confianza, destacando tu preparación para asumir nuevos desafíos.

Cuando se trata de negociaciones, ya sea por un aumento de salario, beneficios o un nuevo puesto, la preparación es tu mejor aliada. Comienza por comprender a fondo tu valor en el mercado. Realiza una investigación de la industria para recopilar datos sobre los estándares salariales para tu posición y nivel de experiencia. Esta información te permitirá negociar con confianza, respaldando tu solicitud con cifras concretas.

Desarrollar habilidades de negociación mediante la práctica también puede ser muy útil. Simular escenarios de negociación con un colega de confianza o un mentor puede ayudarte a perfeccionar tu enfoque y respuestas. Esta preparación mejora tu capacidad para comunicar tu valor de manera clara y asertiva, aumentando las probabilidades de obtener un resultado favorable. Además, anticipar posibles objeciones y ensayar tus respuestas te asegurará mantenerte firme y persuasiva durante la conversación.

Las mujeres suelen enfrentar desafíos específicos en las negociaciones, como el sesgo de género y el riesgo de ser percibidas como demasiado agresivas o exigentes. Superar estas barreras requiere una combinación de confianza y estrategia. Construir confianza en la negociación comienza por reconocer tus logros y valorar tus fortalezas. Recuerda que no solo estás negociando para ti, sino también por el valor que aportas a la empresa.

Adoptar un enfoque colaborativo en lugar de confrontacional también puede ser efectivo. Enmarca la negociación como una conversación sobre beneficios mutuos, destacando cómo tu propuesta se alinea con los objetivos de la empresa. De esta manera, cambias el enfoque de un interés personal a un éxito colectivo, reduciendo la resistencia y fomentando un diálogo más positivo.

5.3 Construyendo Confianza Sin Compromiso

En el mundo profesional, la influencia opera como un poder significativo que trasciende la simple autoridad ligada a un título laboral. La influencia es la capacidad de inspirar y guiar a otros, de moldear decisiones y de fomentar un entorno donde las ideas prosperan. A diferencia de la autoridad, que se basa en la jerarquía y la posición, la influencia se gana a través del respeto, la confianza y la demostración constante de integridad. Es el hilo invisible que une el liderazgo exitoso, creando un tejido de colaboración e innovación. En el mundo interconectado de hoy, la influencia no solo es deseable, sino necesaria para un liderazgo efectivo, ya que permite navegar dinámicas complejas y fomentar una cultura de compromiso y empoderamiento.

Para construir influencia de manera auténtica, debes liderar con el ejemplo, encarnando los principios y valores que deseas ver en los demás. Demostrar integridad en tus acciones genera confianza y respeto, elementos esenciales de la influencia. Cuando actúas con transparencia y honestidad, creas un entorno donde los demás se sienten seguros para expresar sus ideas y asumir riesgos. Esta confianza se construye a través de acciones consistentes que reflejan tus palabras, reforzando tu credibilidad y fiabilidad. Además, establecer redes con intención y autenticidad potencia tu influencia. Cultivar relaciones genuinas y buscar conexiones significativas amplía tu alcance e impacto. El networking auténtico no se trata solo de hacer contactos, sino de construir relaciones mutuamente beneficiosas donde ambas partes contribuyan y crezcan.

El impacto de la influencia en el crecimiento profesional es significativo, abriendo puertas a nuevas oportunidades y colaboraciones. Los líderes influyentes son buscados para proyectos estratégicos y de alto impacto, ya que su capacidad para inspirar y movilizar equipos es altamente valorada.

Los perfiles de mujeres que han ascendido a través de la influencia revelan rasgos comunes: un compromiso con la integridad, un enfoque en la construcción de relaciones y una pasión por empoderar a otros. Estas líderes demuestran que la influencia no se trata de imponer control, sino de inspirar acciones colectivas hacia un objetivo compartido.

Reflexionar sobre tu estilo de influencia personal es crucial para comprender y perfeccionar tu enfoque de liderazgo. La autoevaluación de los métodos de influencia te permite identificar tus fortalezas y áreas de mejora. Considera cómo interactúas con los demás, cómo comunicas tu visión y cómo generas confianza y empatía. ¿Lideras con comprensión y sensibilidad? ¿Eres consistente en tus acciones y palabras? Estas reflexiones proporcionan información sobre tu estilo de influencia, guiándote hacia un liderazgo más efectivo.

Ejercicios para mejorar la influencia personal pueden apoyar aún más este crecimiento. Participar en actividades que desafíen tus habilidades de comunicación, inteligencia emocional y capacidad para construir relaciones fortalecerá tu influencia con el tiempo.

5.4 Mentoría y Patrocinio: Impulso para tu Carrera

Tanto la mentoría como el patrocinio son herramientas esenciales para el desarrollo profesional, pero cada una cumple un propósito distinto. La mentoría se enfoca en la orientación, el aprendizaje y el fortalecimiento de habilidades, mientras que el patrocinio implica promoción activa y respaldo dentro de la organización para acceder a oportunidades clave. Ambas relaciones pueden ser determinantes en tu crecimiento, y en el *Capítulo 7* profundizaremos en cómo aprovecharlas estratégicamente para potenciar tu trayectoria.

Un mentor es alguien con mayor experiencia que comparte conocimientos y brinda apoyo para ayudarte a tomar decisiones informadas en tu carrera. Su guía te permite desarrollar habilidades, superar desafíos y ganar confianza en tu liderazgo. A diferencia de un patrocinador, que usa su influencia para recomendarte en espacios clave, el mentor te prepara para que estés listo cuando esas oportunidades lleguen. La mentoría es un proceso continuo que fomenta el crecimiento personal y profesional, brindando no solo conocimientos técnicos, sino también perspectivas sobre liderazgo, toma de decisiones y manejo de situaciones complejas.

Para establecer una relación de mentoría efectiva, es clave identificar a personas cuya experiencia y valores se alineen con tus aspiraciones. Un mentor ideal es alguien que no solo ha recorrido el camino que deseas seguir, sino que también está dispuesto a compartir sus lecciones aprendidas y brindarte consejos prácticos. La clave está en construir una relación basada en la confianza y el aprendizaje mutuo, aprovechando cada interacción para fortalecer tu crecimiento profesional. Tener conversaciones periódicas con tu mentor, establecer objetivos claros y estar abierto a la retroalimentación puede hacer que esta relación sea aún más valiosa y efectiva.

Por otro lado, el patrocinio puede ser un acelerador en tu carrera, ya que un patrocinador aboga por ti en círculos de decisión, asegurando que tu talento y logros sean reconocidos. Mientras que la mentoría te ayuda a desarrollar habilidades y conocimientos, el patrocinio te ayuda a conseguir las oportunidades donde demostrar esas habilidades. En entornos altamente competitivos, contar con un patrocinador puede marcar la diferencia entre avanzar rápidamente o quedarte estancado en una misma posición.

Ambos temas serán explorados con mayor detalle en el *Capítulo 7*, donde analizaremos cómo construir relaciones efectivas de mentoría y patrocinio para maximizar tu potencial de crecimiento. Aprenderás cómo identificar mentores y patrocinadores adecuados, establecer conexiones estratégicas y aprovechar estas relaciones para impulsar tu carrera. Entender cuándo y cómo recurrir a cada una de estas figuras puede ser clave para diseñar una trayectoria profesional exitosa y alineada con tus metas a largo plazo.

5.5 Defendiendo tu Propio Valor y el de los Demás

En el camino del crecimiento profesional, la autodefensa es una habilidad vital que permite a las mujeres navegar sus carreras con confianza. Significa resaltar activamente tus logros, mostrar tus capacidades y asegurarte de que tus contribuciones reciban el reconocimiento que merecen. Comunicar tu valor es esencial, y una forma poderosa de hacerlo es elaborando un *discurso de ascensor* sólido: una declaración concisa e impactante que transmita *quién eres, qué aportas y por qué tu trabajo es valioso*. Este discurso breve pero efectivo debe encapsular tu identidad, experiencia y contribución, todo en el tiempo que dura un viaje en ascensor. Es tu oportunidad de dejar una impresión duradera en eventos de networking, reuniones de equipo o encuentros informales. Además, documentar y compartir tus éxitos dentro de tu equipo amplifica tu impacto. Al comunicar regularmente tus logros, no solo destacas tus contribuciones, sino que también inspiras a otros a reconocer sus propios éxitos y defender su valía.

La defensa de tu valor requiere un compromiso estratégico en distintos entornos profesionales. Hablar en reuniones y discusiones es fundamental para garantizar que tus ideas sean escuchadas y consideradas. Esto implica preparar tus puntos con antelación, expresarlos con claridad y participar de manera respetuosa en las contribuciones de los demás. Construir una marca personal sólida refuerza tu reputación como una profesional comprometida y capaz. Esta marca se desarrolla a través del rendimiento constante, la integridad y el compromiso con la excelencia en cada tarea. Participar en oportunidades de desarrollo profesional también es una estrategia poderosa. Expandir continuamente tus habilidades y conocimientos demuestra tu compromiso con el crecimiento y el liderazgo, lo que fortalece tu credibilidad e influencia dentro de tu organización. Estas estrategias, en conjunto, te permiten defender tu valor de manera efectiva y posicionarte como líder en tu campo.

Apoyar a otros en su desarrollo profesional es igualmente esencial. La defensa del valor propio no se trata solo de autopromoción; implica fomentar un entorno de trabajo en el que tus compañeros también puedan prosperar. Ser Mentor y apoyar a los miembros más jóvenes del equipo es una forma poderosa de contribuir a este entorno. Compartir tus experiencias y conocimientos ayuda a otros a superar desafíos y aprovechar oportunidades, promoviendo una cultura de colaboración y apoyo mutuo. Iniciar grupos de apoyo o redes de defensa dentro de tu organización puede amplificar aún más este impacto. Estos grupos crean plataformas de aprendizaje compartido y empoderamiento, permitiendo que las personas se conecten, colaboren y defiendan el crecimiento y éxito de los demás. A través de estos esfuerzos colectivos, contribuyes a un entorno laboral donde todas las voces son escuchadas y donde el potencial de cada persona se reconoce y valora.

Pasos Prácticos para Defender tu Valor y el de los Demás

1. Crea tu Discurso de Ascensor:
   - Reflexiona sobre tus logros, habilidades y aspiraciones.
   - Escribe un resumen breve y claro sobre quién eres y qué aportas.
   - Practica con un colega o mentor hasta que te sientas seguro y natural.

2. Participa Activamente en Reuniones
   - Antes de cada reunión, prepárate con al menos una idea o comentario.
   - Expón tus puntos con claridad y confianza.
   - Haz preguntas y aporta sugerencias que agreguen valor.
   - La constancia en tu participación fortalecerá tu reputación como profesional proactivo.

3. Apoya el Crecimiento de Otros
   - Ofrece mentoría a colegas o impulsa proyectos colaborativos.
   - Si en tu organización no hay una red de apoyo, considera crear una.
   - Un grupo pequeño centrado en el crecimiento y aprendizaje compartido puede generar un impacto positivo en el equipo.

Ejemplo de un Discurso de Ascensor:

Escenario: Networking en un Evento Profesional

"Hola, soy [Tu Nombre] y me especializo en [Tu Campo/Industria]. Me apasiona ayudar a las organizaciones a [resolver un problema específico o alcanzar un objetivo]. Por ejemplo, en mi rol actual como [Tu Cargo] en [Tu Empresa], he liderado proyectos que [describe un logro clave, ej. mejorar la eficiencia en un 20%, aumentar la satisfacción del cliente, etc.]. Me enorgullece combinar [tus habilidades o cualidades clave, ej. pensamiento estratégico y colaboración] para generar resultados impactantes. Me interesa particularmente explorar oportunidades para [interés específico, ej. expandir a nuevos mercados, impulsar soluciones innovadoras, etc.]. Me encantaría conocer más sobre tu trabajo y los desafíos que enfrentas en esta área."

Escenario: Presentación Interna en el Trabajo

"Hola, soy [Tu Nombre] y como [Tu Cargo], me enfoco en [área específica, ej. mejorar la eficiencia operativa]. Recientemente, [ejemplo de éxito específico, ej. implementé una nueva herramienta que redujo los plazos de los proyectos en un 15%]. Me apasiona encontrar formas innovadoras de resolver problemas y siempre busco oportunidades para colaborar en iniciativas alineadas con los objetivos de nuestra empresa."

Elementos Claves de un Gran Discurso de Ascensor:

1. **Introducción:** Comienza con tu nombre y tu cargo o área de especialización.

2. **Resalta tu Valor:** Menciona una habilidad clave, pasión o logro que demuestre tu impacto.

3. **Sé Conciso:** Mantén tu discurso en menos de 30 segundos y ve directo al punto.

4. **Involucra a tu Interlocutor:** Finaliza con una pregunta o una invitación para continuar la conversación.

5.6 Aprovechando la Presencia en Línea para Oportunidades Profesionales

Saber navegar el mundo digital puede potenciar significativamente tus oportunidades profesionales. Una sólida presencia en línea actúa como un imán, atrayendo oportunidades alineadas con tus objetivos laborales. Construir tu marca digital te permite crear una narrativa convincente que resalte tu experiencia y te diferencie en tu campo. Plataformas como LinkedIn ofrecen un espacio ideal para mostrar tus habilidades, trayectoria y aspiraciones a una audiencia global. En el mundo interconectado de hoy, reclutadores y colaboradores suelen recurrir a perfiles en línea para conocer mejor a posibles colegas y socios. Participar de manera activa y estratégica en estas plataformas puede abrirte puertas que, de otro modo, podrían permanecer cerradas.

Mantener una presencia en línea efectiva requiere esfuerzo y estrategia. Comienza optimizando tu perfil de LinkedIn para reflejar con precisión tu trayectoria profesional y logros. Un titular atractivo y un resumen bien estructurado pueden captar la atención y comunicar tu valor profesional. Mantén tu perfil actualizado con nuevas habilidades, certificaciones y proyectos para asegurar su relevancia. Participar en comunidades en línea relacionadas con tu industria también puede aumentar tu visibilidad. Involúcrate en discusiones, comparte conocimientos y conéctate con líderes de opinión para ampliar tu red. Estas interacciones no solo enriquecen tu perfil, sino que también te posicionan como un profesional informado y comprometido en tu campo. Publicar contenido de liderazgo intelectual, como artículos o blogs, es otra manera de consolidar tu experiencia y generar oportunidades de colaboración. Compartir conocimientos valiosos demuestra tu compromiso con el crecimiento de tu industria y refuerza tu autoridad en el área.

Al desarrollar tu presencia en línea, la autenticidad es clave. El mundo digital a veces puede difuminar la línea entre la identidad personal y profesional, lo que facilita la creación de una imagen poco auténtica. Sin embargo, mantener una identidad digital alineada con tus valores es fundamental para generar confianza y credibilidad. Asegúrate de que tu marca en línea refleje quién eres realmente. Evita el error común de proyectar una imagen inauténtica, alineando tus actividades digitales con tus valores fundamentales. Desde el tono de tus publicaciones hasta el contenido que compartes y las conversaciones en las que participas, la coherencia es esencial. La autenticidad no solo fomenta conexiones genuinas, sino que también fortalece la confianza entre colegas y posibles colaboradores. Presentarte con sinceridad deja una impresión duradera que consolida tu credibilidad profesional.

Al concluir este capítulo, queda claro que una sólida presencia en línea es un componente esencial para el crecimiento profesional en la era digital. Construyendo y gestionando estratégicamente tu huella digital, aumentas tu visibilidad y accedes a nuevas oportunidades. Este capítulo ha explorado los elementos clave para avanzar en tu carrera de manera auténtica, brindándote herramientas e ideas para trazar tu camino profesional con confianza. En el siguiente capítulo, profundizaremos en cómo superar barreras sistémicas, ofreciéndote estrategias adicionales para prosperar en tu camino de liderazgo.

Capítulo 6: Superando Barreras Sistémicas

"La pregunta no es quién me va a dejar, sino quién me va a detener." – Ayn Rand.

6.1 Barreras en el Lugar de Trabajo

Al entrar a tu oficina, imagina los muros invisibles que pueden existir a tu alrededor, construidos a lo largo de décadas por políticas y normas que sutilmente determinan quién prospera y quién apenas sobrevive. Estas son las barreras sistémicas arraigadas en las estructuras y culturas organizacionales, que afectan tu trayectoria profesional y la de muchas mujeres antes y después de ti. Estas barreras son obstáculos profundamente enraizados que perpetúan la desigualdad en el lugar de trabajo, a menudo pasando desapercibidos, pero ejerciendo una influencia significativa sobre quiénes ascienden a roles de liderazgo y quiénes se estancan.

Estas barreras se manifiestan de diversas formas, desde políticas que afectan desproporcionadamente a ciertos grupos hasta normas culturales que refuerzan la desigualdad. Políticas como horarios rígidos de trabajo y la falta de permisos parentales afectan principalmente a las mujeres, especialmente a aquellas que equilibran su carrera con la vida familiar. Además, criterios de promoción que favorecen estilos de liderazgo tradicionales pueden marginar a mujeres que lideran de manera diferente pero igualmente efectiva. Normas culturales, como la expectativa de que las mujeres prioricen su vida personal sobre su carrera, refuerzan estos estereotipos y limitan las oportunidades de avance. Estas problemáticas crean un entorno que, aunque parece imparcial, sistemáticamente favorece a quienes se ajustan a las normas establecidas.

Para identificar estas barreras, es clave realizar auditorías o evaluaciones en el lugar de trabajo. Estas auditorías implican un análisis detallado de las políticas, prácticas y cultura de la empresa para detectar sesgos e inequidades. Examinar los procesos de contratación, escalas salariales y criterios de promoción ayuda a identificar dónde existen barreras sistémicas. Además, recopilar retroalimentación a través de encuestas a empleados brinda información invaluable. Estas encuestas permiten conocer distintas perspectivas dentro de la organización y revelar experiencias vividas por quienes enfrentan estos obstáculos. Fomentar la retroalimentación honesta crea la oportunidad de comprender cómo se manifiestan y afectan estas barreras en el entorno laboral.

Las barreras sistémicas tienen un impacto profundo en el desarrollo profesional, actuando como techos invisibles que frenan el progreso y limitan las oportunidades de crecimiento. Documentar y analizar estas barreras es esencial para impulsar el cambio. Crear un informe de análisis de barreras permite capturar sistemáticamente los obstáculos que tú y otros enfrentan, proporcionando una base sólida para la defensa y la reforma. Identificar patrones en el comportamiento organizacional ayuda a visibilizar problemas sistémicos que pueden no ser evidentes a simple vista. Por ejemplo, si los datos de promoción muestran un desequilibrio de género recurrente, esto puede señalar sesgos en los criterios de promoción o métodos de evaluación que necesitan ser revisados.

Elemento Interactivo:

Identificando Barreras Sistémicas en Tu Lugar de Trabajo

Paso 1: Revisión de Políticas

- Analiza las políticas de tu empresa en términos de inclusión, centrándote en áreas clave como permisos parentales, horarios flexibles, criterios de ascenso e iniciativas de diversidad.

- Reflexiona sobre si estas políticas se aplican de manera equitativa y son accesibles para todos los empleados.

Política	¿Es inclusiva? (Sí/No)	Áreas de mejora
Política de Permiso Parental	Sí	Asegurar su aplicación equitativa para todos los géneros.
Opciones de Trabajo Flexible	No	Introducir más alternativas de trabajo híbrido.
Transparencia en Promociones	No	Aclarar los criterios y comunicarlos ampliamente.

Paso 2: Evaluación de Normas Culturales

- Identifica normas no escritas que pueden reforzar estereotipos de género o generar expectativas desiguales.

- Reflexiona sobre si existen dinámicas que desalientan el equilibrio entre vida laboral y personal.

Norma	Impacto en la Equidad	Cambio Sugerido
Expectativa de trabajar horas extra regularmente	Limita oportunidades para cuidadores.	Promover plazos de entrega flexibles cuando sea posible.
Asignación de tareas administrativas a mujeres con mayor frecuencia	Refuerza estereotipos de género.	Distribuir responsabilidades de manera equitativa.

Preguntas de Reflexión:

- *¿Existen normas implícitas que desalientan el balance entre trabajo y vida personal?*

- *¿Se asignan ciertas tareas o roles de manera desigual según el género?*

Paso 3: Recopilación de Opiniones de Empleados

- Realiza encuestas o reuniones informales con colegas para conocer sus experiencias en cuanto a equidad laboral.

- Incluye preguntas abiertas y de opción múltiple para obtener una visión más amplia.

Ejemplos de Preguntas:

- *¿Sientes apoyo en el desarrollo de oportunidades de liderazgo?*

- *¿Has experimentado o presenciado barreras para el crecimiento profesional?*

- *¿Qué cambios te gustaría ver para lograr un entorno más inclusivo?*

Paso 4: Análisis de Datos

- Examina datos sobre contrataciones, retención y promociones para identificar patrones de desigualdad o sesgo.
- Observa disparidades en representación de género, equidad salarial y oportunidades de liderazgo.

Métrica	Datos Actuales	Patrones Observados	Recomendaciones
Representación de Género	60% hombres, 40% mujeres	Menos mujeres en puestos de liderazgo.	Implementar programas de mentoría para mujeres.
Tasa de Promoción por Género	Hombres: 20%, Mujeres: 10%	Brecha significativa en ascensos.	Revisar y clarificar los criterios de promoción.

Paso 5: Documentar Hallazgos y Tomar Acción

- Resume tus hallazgos en un informe conciso que incluya las principales barreras, áreas de mejora y recomendaciones de acción.
- Presenta el informe a la dirección o al equipo de Diversidad, Equidad e Inclusión (DEI) para impulsar cambios organizacionales.

Preguntas de Reflexión:

- *¿Qué barreras te sorprendieron más?*
- *¿Qué medidas inmediatas puedes tomar para abordar estas barreras?*
- *¿Cómo puedes contribuir a una cultura de inclusión en tu empresa?*

6.2 Estrategias para Desafiar el Sesgo de Género

El sesgo de género sigue siendo un obstáculo significativo para el crecimiento profesional, moldeando las dinámicas laborales de formas tanto evidentes como sutiles. Influye en la contratación, las promociones y las interacciones diarias, generando desafíos adicionales para las mujeres.

En los procesos de contratación, las mujeres suelen enfrentar un escrutinio más riguroso, teniendo que demostrar sus calificaciones con mayor esfuerzo que los hombres. Por ejemplo, una mujer puede ser descartada para un puesto de liderazgo no por falta de competencia, sino debido a suposiciones anticuadas sobre su capacidad para dirigir. Del mismo modo, el sesgo en las promociones puede resultar en que las mujeres sean pasadas por alto para ascensos o se les brinden menos oportunidades para desarrollar habilidades de liderazgo.

Más allá de la contratación y las promociones, los estereotipos de género influyen en la asignación de tareas, limitando aún más el crecimiento profesional de las mujeres. Con frecuencia, se les orienta hacia roles administrativos o de apoyo, mientras que los puestos estratégicos o técnicos se consideran más adecuados para los hombres. Esto no solo restringe las trayectorias profesionales individuales, sino que también refuerza estereotipos que impiden a las organizaciones aprovechar plenamente el talento diverso. Identificar y abordar estos sesgos es esencial para construir un entorno de trabajo equitativo donde todos puedan avanzar en función de sus habilidades y potencial.

Eliminar el sesgo de género requiere medidas intencionadas para desafiar percepciones y prácticas arraigadas. Un primer paso clave es implementar capacitación sobre sesgos inconscientes, lo que permite a empleados y gerentes reconocer sus prejuicios y entender cómo afectan sus decisiones. Aumentar la conciencia sobre estos sesgos ayuda a las organizaciones a adoptar medidas proactivas hacia un entorno más justo.

Otra estrategia efectiva es promover descripciones de puestos con lenguaje neutral en cuanto al género. Asegurar que las ofertas de empleo estén libres de términos o criterios sesgados permite atraer a una base de candidatos más diversa, fomentando la equidad en el reclutamiento y reforzando una cultura inclusiva. Además, es crucial revisar periódicamente los procesos de contratación y promoción para identificar y corregir prácticas sesgadas. Establecer criterios objetivos y transparentes basados en habilidades y desempeño, en lugar de factores subjetivos, es esencial para asegurar evaluaciones justas y basadas en el mérito.

Si bien estos cambios pueden representar un desafío, son necesarios para reducir el sesgo de género y crear un entorno de trabajo más equitativo.

Los líderes desempeñan un papel fundamental en la transformación de la cultura organizacional y en la reducción del sesgo de género. Tienen el poder de establecer expectativas, impulsar iniciativas y garantizar la rendición de cuentas en la implementación de prácticas equitativas. Una estrategia clave es establecer objetivos de diversidad claros, asegurando que la inclusión no sea solo un discurso, sino una prioridad medible. Estos objetivos deben ser específicos, monitoreables y alineados con los valores de la organización, integrando la diversidad y la inclusión como principios fundamentales de su misión.

Para reforzar estos esfuerzos, los líderes deben predicar con el ejemplo. Tomar decisiones basadas en la equidad, garantizar la representación diversa en reuniones y respaldar activamente el desarrollo profesional de las mujeres dentro de la organización envía un mensaje contundente de que el sesgo no será tolerado. Los líderes que promueven la diversidad generan un impacto en toda la empresa, inspirando a otros a seguir su ejemplo y creando un entorno donde todos los empleados se sientan valorados y apoyados.

Al comprometerse con estas estrategias, las organizaciones pueden desmantelar las barreras que limitan el crecimiento profesional de las mujeres y construir espacios donde el éxito esté determinado por el talento, no por el género.

6.3 Promoviendo la Diversidad e Inclusión desde Adentro

Imagina un lugar de trabajo donde la diversidad y la inclusión no sean solo objetivos aspiracionales, sino pilares fundamentales integrados en la cultura organizacional. En estos entornos, la riqueza de perspectivas diversas impulsa la innovación y mejora la toma de decisiones. Las organizaciones que adoptan la diversidad se benefician de una gama más amplia de ideas y soluciones, ya que personas con diferentes antecedentes aportan conocimientos y experiencias únicas. Esta diversidad de pensamiento conduce a una resolución de problemas más integral y creativa, generando una ventaja competitiva y un mayor éxito organizacional. Un lugar de trabajo diverso no solo es más dinámico, sino también más adaptable, ya que aprovecha las fortalezas colectivas de sus empleados para enfrentar desafíos complejos.

Para promover la diversidad de manera efectiva, es fundamental implementar estrategias prácticas que fortalezcan la inclusión dentro de los equipos. Un enfoque clave es la creación de procesos de contratación inclusivos. Esto implica ampliar los criterios de selección para enfocarse en habilidades y potencial, en lugar de depender únicamente de calificaciones tradicionales que pueden excluir involuntariamente a ciertos candidatos. Las organizaciones pueden atraer una base de talento más diversa eliminando sesgos en las descripciones de trabajo y asegurando que los paneles de contratación incluyan miembros con diferentes perspectivas.

Además, el apoyo a los Grupos de Recursos para Empleados (ERGs, por sus siglas en inglés) desempeña un papel crucial en la promoción de la inclusión. Estos grupos brindan a los empleados un espacio para conectar, compartir experiencias y abogar por cambios dentro de la organización.

Los ERGs refuerzan el sentido de pertenencia y empoderan a los empleados para impulsar iniciativas de diversidad, amplificando sus voces y perspectivas en la empresa.

El liderazgo inclusivo es fundamental para impulsar iniciativas de diversidad e inclusión. Los líderes establecen el tono de la cultura organizacional y tienen el poder de generar cambios significativos. Fomentar programas de desarrollo de talento diverso garantiza que todos los empleados tengan acceso a oportunidades de crecimiento y promoción. Estos programas deben enfocarse en mentoría, desarrollo de habilidades y liderazgo, proporcionando caminos claros para que empleados diversos alcancen su máximo potencial.

Otra acción clave es patrocinar eventos y talleres sobre diversidad, lo que permite visibilizar estos temas, fomentar el aprendizaje y celebrar la diversidad. Estas iniciativas promueven el respeto y la colaboración, fortaleciendo los valores de la organización. Cuando los líderes participan activamente en estos programas, envían un mensaje claro de que la diversidad y la inclusión son prioridades reales, inspirando a otros a sumarse a la causa.

Promover la diversidad e inclusión desde adentro requiere un compromiso continuo y una disposición para desafiar el *status quo*. Esto implica reconocer el valor que aportan las diferentes perspectivas y tomar medidas concretas para garantizar que todas las voces sean escuchadas y respetadas. Al fomentar un entorno inclusivo, las organizaciones pueden desbloquear el potencial completo de su equipo, impulsando la innovación, la colaboración y el éxito.

Como líder, tienes el poder de abanderar estas iniciativas y crear un lugar de trabajo donde la diversidad sea celebrada y la inclusión sea la norma. Aprovecha esta oportunidad para generar un impacto duradero, no solo para tu organización, sino también para las personas que la conforman.

6.4 Construyendo Aliados en Posiciones de Liderazgo

En el entorno complejo del liderazgo organizacional, los aliados son invaluables. Actúan como impulsores del cambio, apoyando iniciativas que fomentan la equidad y la inclusión. Los aliados en roles de liderazgo tienen una influencia significativa en las políticas organizacionales, moldeando la dirección y las prioridades de la empresa. Su respaldo puede acelerar el cambio sistémico, derribando barreras que de otro modo permanecerían sin cuestionar. Cuando los líderes se comprometen a ser aliados, utilizan su posición para abogar por la diversidad, la equidad y la inclusión, reforzando la importancia de estos valores en cada aspecto de la organización. Su influencia puede redefinir las prioridades organizacionales, asegurando que las políticas y prácticas sean inclusivas y equitativas.

Construir alianzas con líderes que puedan respaldar iniciativas de cambio comienza con la identificación de aliados potenciales a través de una red estratégica. Busca líderes que compartan tus valores y objetivos, ya que estarán más inclinados a apoyar iniciativas alineadas con su visión de la organización. Participa en eventos del sector, únete a grupos profesionales y fomenta relaciones a través de conversaciones significativas. Durante

estos encuentros, enfócate en identificar puntos en común y metas compartidas, ya que estos son la base de alianzas sólidas. Cuando los líderes ven reflejados sus valores en tus objetivos, es más probable que brinden su apoyo, creando una asociación que impulse un cambio significativo.

Una vez identificados los aliados potenciales, el siguiente paso es involucrarlos de manera efectiva. Acércate a los líderes con un plan claro que describa los cambios sistémicos que deseas implementar y cómo estos cambios están alineados con la misión general de la organización. Presenta datos y estudios de caso que demuestren los beneficios de la diversidad y la inclusión, como el aumento en la satisfacción de los empleados y la mejora en la innovación, para construir un argumento convincente. Mostrar cómo estas iniciativas pueden mejorar el desempeño organizacional facilita que los líderes vean el valor de apoyarlas. Además, enfatiza los beneficios mutuos de la colaboración, resaltando cómo su participación puede potenciar su impacto como líderes mientras respaldan la misión de la empresa.

Los aliados desempeñan un papel crucial en la defensa de iniciativas al amplificar las voces de quienes podrían no ser escuchados. Utilizan su influencia para promover cambios sistémicos, abogando por políticas y prácticas que fomenten un lugar de trabajo más inclusivo. Los líderes que apoyan la diversidad a menudo lo hacen usando su plataforma para destacar las contribuciones de grupos subrepresentados, asegurando que sus perspectivas sean consideradas en los procesos de toma de decisiones. Esta labor no solo genera conciencia, sino que también impulsa acciones concretas, ya que los aliados abogan por cambios que crean un entorno más equitativo.

Al construir relaciones con aliados en posiciones de liderazgo, puedes asegurar que tus esfuerzos por impulsar el cambio cuenten con el respaldo necesario en los niveles más altos, aumentando así las probabilidades de éxito.

6.5 Liderar con el Ejemplo: Inspirando un Cambio Sistémico

El poder de liderar con el ejemplo no puede subestimarse, especialmente cuando se trata de impulsar cambios sistémicos dentro de una organización. Como líder, tus acciones hablan más fuerte que las palabras, estableciendo el tono para la cultura organizacional e influyendo en quienes te rodean. Cuando encarnas valores como la inclusión, la equidad y la transparencia, te conviertes en un modelo a seguir para tu equipo y colegas. Este tipo de liderazgo va más allá de la política o la retórica; implica demostrar con acciones cotidianas que estos valores son fundamentales en la forma en que opera la organización. Al modelar constantemente un comportamiento inclusivo, inspiras a otros a adoptar prácticas similares, creando un efecto dominó que puede transformar la cultura laboral con el tiempo.

Encarnar estos valores requiere esfuerzo consciente y deliberado. Comienza reforzando de manera constante políticas inclusivas dentro de tu equipo y en toda la organización. Esto puede significar garantizar que todas las voces sean escuchadas en reuniones, fomentar prácticas de contratación diversas o apoyar a empleados en su desarrollo hacia roles de liderazgo. Hacer de la inclusión una parte visible y tangible de tu liderazgo ayuda a crear un entorno donde todos se sientan valorados y respetados. Apoyar públicamente iniciativas de diversidad también es una forma poderosa de liderar con el ejemplo. Esto puede incluir patrocinar talleres de diversidad, participar en grupos de recursos para empleados o abogar por prácticas inclusivas a nivel ejecutivo. A través de estas acciones, demuestras un compromiso real con el cambio sistémico, alentando a otros a seguir el mismo camino y priorizar la diversidad y la inclusión en sus propias funciones.

El efecto dominó del liderazgo ejemplar puede generar un cambio organizacional generalizado. Cuando los colegas ven a un líder apoyando activamente la diversidad y la inclusión, se crea una cultura de responsabilidad e inspiración. Esto motiva a otros a adoptar prácticas similares, transformando progresivamente la cultura organizacional en una que valore y celebre la diversidad. Como resultado, se puede lograr un mayor compromiso de los empleados, mejorar la moral y fomentar un entorno de trabajo más innovador y colaborativo. A medida que más personas comienzan a liderar con el ejemplo, el impacto acumulado puede provocar cambios culturales significativos, derribando barreras y construyendo el camino para la transformación sistémica.

A lo largo de la historia, líderes transformadores han demostrado el impacto de liderar con el ejemplo, dejando legados duraderos e inspirando cambios estructurales. Un claro ejemplo es Ursula Burns, ex CEO de Xerox y la primera mujer afroamericana en dirigir una empresa *Fortune 500*. Su liderazgo se caracterizó por un firme compromiso con la diversidad y la inclusión, evidenciado en sus acciones. Al promover prácticas de contratación más diversas y respaldar programas de mentoría, Burns sentó un precedente para futuros líderes. Su influencia trascendió Xerox, inspirando a otras organizaciones a priorizar la diversidad en sus niveles de liderazgo.

Otro ejemplo es Mary Barra, CEO de General Motors, quien ha convertido la diversidad y la inclusión en pilares clave de la estrategia de la empresa. Bajo su liderazgo, GM ha implementado iniciativas para promover la equidad de género y fomentar una cultura laboral más inclusiva. Su dedicación a estos valores no solo ha transformado GM, sino que también ha establecido un nuevo estándar en la industria automotriz.

Estos líderes ejemplifican el impacto profundo de liderar con el ejemplo en una organización y su cultura. A través de sus acciones, han inspirado cambios sistémicos, eliminado barreras y creado oportunidades para que otros sigan sus pasos. Mientras navegas tu propio camino de liderazgo, reflexiona sobre los valores que deseas representar y cómo puedes liderar con el ejemplo para inspirar transformaciones dentro de tu organización. Al hacerlo, no solo contribuyes a un entorno de trabajo más inclusivo y equitativo, sino que también dejas un legado duradero que inspirará a futuras generaciones de líderes.

Capítulo 7: Construyendo Redes Sólidas y Mentoría

"Un mentor es alguien que te permite saber que, sin importar cuán oscura sea la noche, en la mañana llegará la alegría. Un mentor es alguien que te ayuda a ver la mejor versión de ti misma cuando, a veces, se oculta de tu propia vista." – Oprah Winfrey

7.1 Networking Auténtico

Imagina la vasta extensión de un jardín. Cada planta, distinta pero interconectada, prospera a través de una red de raíces que comparten nutrientes y se apoyan mutuamente en su crecimiento. Esta imagen refleja la importancia del networking en tu trayectoria profesional. El networking va más allá del simple intercambio de tarjetas de presentación; se trata de forjar conexiones genuinas que nutran tanto el desarrollo personal como profesional. Para las mujeres en liderazgo, el networking auténtico ofrece una vía para crear relaciones duraderas y sistemas de apoyo mutuo, esenciales para navegar las complejidades de la vida profesional.

A diferencia de los contactos transaccionales, donde las interacciones son pasajeras, el networking auténtico enfatiza la profundidad y la sinceridad, fomentando alianzas que perduran y evolucionan con el tiempo.

Construir relaciones a largo plazo requiere un enfoque estratégico e intencional. El networking auténtico prospera cuando hay beneficios mutuos y objetivos compartidos, donde ambas partes invierten en el éxito del otro. Esto sienta las bases para la confianza y la colaboración, creando una red que puede brindar apoyo, asesoramiento y oportunidades a lo largo de tu carrera. Para cultivar estas relaciones, es importante acercarse al networking con un propósito claro. Asistir a eventos con objetivos definidos ayuda a enfocar los esfuerzos y garantiza que las interacciones sean significativas. En lugar de tratar de conectar con la mayor cantidad de personas posible, prioriza la calidad sobre la cantidad. Relaciónate con personas cuyos valores e intereses se alineen con los tuyos, fomentando conexiones genuinas y significativas.

El networking efectivo también depende del arte de la escucha activa. Al prestar atención plena a los demás, demuestras respeto e interés, elementos fundamentales para construir una buena relación. La escucha activa va más allá de simplemente oír palabras; implica comprender las emociones y perspectivas subyacentes. Esta empatía fortalece las conexiones, ya que las personas se sienten valoradas y escuchadas. Hacer un seguimiento con mensajes personalizados refuerza aún más estos lazos. Una nota o correo electrónico bien pensado que haga referencia a un tema discutido muestra que valoras la relación y te interesa su crecimiento. Este sencillo gesto puede diferenciarte de los demás y crear el camino para una colaboración continua y un apoyo mutuo.

Existen muchas oportunidades para hacer networking en diversos entornos, cada uno ofreciendo diferentes maneras de conectar con otros profesionales. Las conferencias y seminarios de la industria son un terreno fértil para conocer personas que comparten tus intereses y desafíos. Estos eventos, ricos en debates y talleres, brindan la oportunidad de interactuar tanto con líderes de opinión como con colegas. Las asociaciones profesionales y clubes también son valiosas plataformas de networking, reuniendo a personas con objetivos y áreas de especialización en común.

Estos grupos fomentan un sentido de comunidad y ofrecen oportunidades constantes para la colaboración y el aprendizaje. En la era digital, las redes sociales se han convertido en herramientas indispensables para el networking profesional. LinkedIn, en particular, proporciona un espacio para conectar con profesionales de la industria, unirse a grupos relevantes y participar en discusiones que pueden mejorar tu visibilidad e influencia.

Los grandes *networkers* ejemplifican el poder transformador de las conexiones auténticas. Considera la historia de Caroline Pugh, quien dedica una parte significativa de su tiempo al networking estratégico. Sus esfuerzos han resultado en una red sólida que respalda su crecimiento profesional y le abre nuevas oportunidades. De manera similar, Jennifer Justice ha aprovechado el networking para mantenerse presente en la mente de contactos clave y buscar asesoramiento valioso. Su enfoque proactivo le permite estar siempre informada y conectada dentro de su industria. Estos ejemplos ilustran que el networking, cuando se aborda con intención y sinceridad, puede potenciar enormemente el crecimiento profesional y ampliar los horizontes de carrera.

	**Elemento Interactivo:** Objetivos de Networking

Este ejercicio te ayudará a establecer objetivos claros para tu networking, identificar oportunidades para conexiones significativas y crear una estrategia de seguimiento para que tus esfuerzos sean intencionados y productivos.

Paso 1: Define tus Objetivos de Networking

Enumera tus tres principales objetivos de networking para el próximo año. Sé específica sobre lo que deseas lograr, ya sea encontrar un mentor, explorar nuevas oportunidades profesionales o construir relaciones dentro de tu industria.

Plantilla:

Objetivo de Networking	Por qué es Importante
Construir relaciones con profesionales de mi campo.	Obtener información sobre tendencias y mejores prácticas de la industria.
Identificar un mentor para orientación profesional.	Recibir apoyo y consejos para el crecimiento profesional.
Ampliar mi red dentro de mi organización.	Aumentar mi visibilidad y oportunidades de colaboración.

Paso 2: Identifica Oportunidades de Networking

Enumera eventos, plataformas o estrategias específicas donde puedas conectar con personas alineadas con tus objetivos.

Ejemplo de tabla:

Objetivo	Evento/Plataforma	Oportunidad de Conexión
Construir relaciones en mi campo.	Conferencias de la industria, grupos de LinkedIn.	Asistir a paneles y participar en discusiones grupales.
Identificar un mentor para orientación profesional.	Programa de mentoría de la empresa.	Contactar con líderes experimentados.
Ampliar mi red dentro de la organización.	Reuniones departamentales, eventos sociales.	Presentarme y participar en conversaciones clave.

Paso 3: Crea una Estrategia de Seguimiento

Para cada conexión que hagas, planifica cómo harás el seguimiento para fortalecer la relación. Envía mensajes personalizados o programa reuniones para continuar la conversación.

Plantilla de Plan de Seguimiento:

Contacto	Cómo Nos Conectamos	Próximos Pasos	Plazo
Juan González, líder de la industria.	Nos conocimos en un panel de conferencia.	Enviar un mensaje en LinkedIn e invitarla a un café.	Dentro de 1 semana.
Pedro Pérez, colega.	Hablamos durante un evento social del equipo.	Agendar una reunión uno a uno para discutir colaboración.	Dentro de 2 semanas.

Paso 4: Revisión y Reflexión

Reserva un tiempo mensual o trimestralmente para revisar tu **Hoja de Trabajo de Objetivos de Networking**. Reflexiona sobre tu progreso y ajusta tus estrategias según sea necesario.

☑ **Preguntas de reflexión:**

- ¿He alcanzado alguno de mis objetivos de networking?
- ¿Qué estrategias han sido más efectivas hasta ahora?
- ¿Necesito ajustar mi enfoque para mejorar mi red de contactos?

Este enfoque estructurado te permitirá aprovechar al máximo tus conexiones profesionales y avanzar con confianza en tu desarrollo de networking.

7.2 Encontrar y Acercarse a Mentores Potenciales

La Mentoría o *Mentoring* (en inglés), es un pilar fundamental en el desarrollo profesional, ofreciendo una combinación única de orientación e inspiración que impulsa tanto el crecimiento personal como el avance en la carrera. Definido como una relación en la que una persona con más experiencia brinda sabiduría y conocimientos a alguien que está forjando su camino, el *mentoring* va más allá de simples consejos. Es una alianza transformadora que te permite enfrentar desafíos, perfeccionar habilidades y fortalecer la confianza en tus capacidades de liderazgo. El valor del *mentoring* radica en el apoyo personalizado que se adapta a tus objetivos y aspiraciones específicas. A través de estas relaciones, no solo adquieres habilidades prácticas, sino también el coraje para perseguir sueños ambiciosos. Los mentores iluminan caminos antes no considerados, ofreciendo perspectivas que pueden redefinir tu enfoque tanto en tu carrera como en tu desarrollo personal.

Cuando busques un mentor, el proceso de selección debe alinearse con tus objetivos personales y profesionales. Un mentor debe poseer habilidades y experiencias complementarias que te ayuden a navegar por las complejidades de tu campo. Considera a individuos cuya trayectoria profesional o estilo de liderazgo reflejen tus aspiraciones. Busca mentores que hayan superado desafíos similares o que tengan experiencia en áreas que deseas desarrollar. Igualmente importante es la alineación de valores y metas. Un mentor que comparta tus valores fundamentales te brindará orientación que no solo será estratégica, sino también congruente con tus estándares éticos y profesionales. Esta alineación asegura que los consejos que recibas sean relevantes y aplicables, proporcionándote un plan de acción que refleje tu trayectoria y aspiraciones únicas.

Acercarse a un posible mentor requiere preparación y una estrategia bien definida. Redacta una introducción convincente que resuma de manera clara tu trayectoria, intereses y las razones por las cuales buscas su orientación. Destaca aspectos específicos de su carrera o logros que te inspiren, demostrando un interés genuino y admiración por su trabajo. Articula claramente tus objetivos y cómo su mentoría podría facilitar tu crecimiento. Expresar interés genuino implica más que admiración; se trata de establecer una conexión basada en pasiones compartidas y respeto mutuo. Ofrecer valor a cambio también es clave para fomentar una relación recíproca. Considera lo que puedes aportar a la relación, ya sea nuevas perspectivas, asistencia en proyectos o conexiones dentro de tu propia red. Este intercambio convierte el *mentoring* en una colaboración enriquecedora para ambas partes, promoviendo un entorno de aprendizaje y crecimiento mutuo.

Las historias de mentores y *mentees* (quienes reciben mentoría) exitosos ilustran el impacto profundo de estas relaciones. Piensa en una *mentee* que atribuye su avance profesional al apoyo de una ejecutiva experimentada en su industria. A través de sesiones regulares de mentoría, adquirió conocimientos clave sobre toma de decisiones estratégicas y habilidades de liderazgo, lo que la llevó a un puesto gerencial. Su mentora, a su vez, experimentó la satisfacción de ver su progreso y éxito, reafirmando el valor de brindar orientación. En otro sector, un renombrado científico acredita sus ideas innovadoras a la mentoría de un investigador *senior*, quien lo alentó a explorar enfoques no convencionales. Su relación creció a través de la exploración conjunta y la curiosidad intelectual, lo que resultó en descubrimientos innovadores que revolucionaron su campo.

Los testimonios de *mentees* enfatizan la confianza, claridad y oportunidades que han obtenido a través del *mentoring*, subrayando su papel como un catalizador para el desarrollo profesional y la transformación personal.

Estas historias demuestran que el mentoring es más que una relación profesional; es una colaboración que fomenta el crecimiento y el aprendizaje mutuos. A medida que busques y cultives relaciones de mentoría, recuerda que este proceso es dinámico y evolutivo, basado en el respeto mutuo, objetivos compartidos y un compromiso con el crecimiento.

7.3 La relación Mentor-Mentee: Maximizando los Beneficios

Una relación de mentoría exitosa se basa en el respeto mutuo, expectativas claras y objetivos compartidos. Desde el inicio, es fundamental establecer expectativas claras. Tanto tú como tu mentor deben definir lo que esperan lograr, tanto a nivel individual como en conjunto. Esta claridad garantiza que ambas partes estén alineadas y trabajen hacia un mismo propósito. También ayuda a prevenir malentendidos y a mantener la relación enfocada y productiva.

Otro aspecto clave es la comunicación regular. Programar reuniones periódicas permite discutir avances, desafíos y cualquier cambio en los objetivos. Estas conversaciones deben ser bidireccionales, brindando la oportunidad de intercambiar conocimientos y retroalimentación. Un diálogo constante fomenta un ambiente de aprendizaje y crecimiento continuo. La retroalimentación juega un papel crucial en este proceso, ayudando a identificar áreas de mejora y brindando la oportunidad de celebrar logros. La perspectiva de tu mentor puede ofrecerte una visión fresca, desafiándote a pensar críticamente y desarrollar nuevas habilidades.

Para aprovechar al máximo la relación de mentoría, abórdala con preparación e intención. Antes de cada reunión, reflexiona sobre tus experiencias recientes e identifica preguntas o temas específicos para discutir. Esta preparación demuestra tu compromiso y optimiza el tiempo que pasas con tu mentor. Mantén a tu mentor informado sobre tus avances y cualquier cambio importante en tu carrera. Esta transparencia fortalece su implicación y les proporciona el contexto necesario para ofrecerte un mejor asesoramiento.

Cuando recibas retroalimentación, mantente abierto y receptivo. La crítica constructiva puede ser un poderoso motor de crecimiento, dándote las herramientas necesarias para perfeccionar tu enfoque y mejorar tus habilidades. También es importante mostrar aprecio por el tiempo y orientación de tu mentor. Un simple "gracias" o el reconocimiento de su impacto en tu desarrollo pueden fortalecer la relación y motivarlo a seguir invirtiendo en tu crecimiento.

Los mentores también obtienen grandes beneficios de estas relaciones. Interactuar con *mentees* les brinda nuevas perspectivas e ideas frescas, lo que los desafía a repensar sus propias estrategias y enfoques. La satisfacción de ver el progreso de un *mentee* y saber que su orientación ha marcado la diferencia puede ser sumamente gratificante. Además, esta experiencia les recuerda la importancia de dar apoyo a nuevas generaciones, reforzando su legado y propósito profesional. Muchos mentores descubren que estas relaciones reavivan su pasión por su campo, renovando su entusiasmo y creatividad en el trabajo.

Un ejemplo de una mentoría exitosa es el caso de Maya y su mentora, Elena. Maya, una líder emergente en una empresa tecnológica, buscó la orientación de Elena para afrontar los desafíos de su nuevo rol. A través de reuniones regulares, establecieron objetivos claros centrados en el desarrollo de habilidades de liderazgo y pensamiento estratégico. La retroalimentación de Elena permitió que Maya adquiriera nuevas perspectivas, refinara su enfoque y ganara confianza. A su vez, las ideas innovadoras de Maya inspiraron a Elena a explorar nuevas direcciones en su propio trabajo, creando un intercambio colaborativo en el que ambas se beneficiaron. Esta relación no solo impulsó la carrera de Maya, llevándola a una promoción importante, sino que también enriqueció la trayectoria profesional de Elena, recordándole el valor de la mentoría.

Otro ejemplo es la relación entre una joven emprendedora y su mentora, una líder empresarial con amplia experiencia. Gracias a su guía, la emprendedora pudo navegar los desafíos de lanzar su negocio, recibiendo consejos estratégicos y apoyo en la toma de decisiones. Esta mentoría fue clave para el éxito de la empresaria, quien logró establecer un negocio próspero y obtener reconocimiento en su industria.

Estas historias demuestran el impacto transformador de una relación mentor-mentee. Subrayan cómo estas asociaciones pueden generar un crecimiento significativo tanto a nivel personal como profesional, beneficiando profundamente a ambas partes. Mientras desarrollas tu propia relación de mentoría, recuerda que se trata de colaboración y enriquecimiento mutuo, ofreciendo oportunidades de aprendizaje, evolución y éxito compartido.

7.4 El Patrocinio: Llevando la Mentoría al Siguiente Nivel

En el ámbito profesional, el patrocinio representa una evolución crucial de la mentoría, ofreciendo un nivel de apoyo que impulsa activamente tu carrera. A diferencia de los mentores, que brindan orientación y consejos, los patrocinadores abogan por ti en círculos de influencia, donde se toman decisiones clave. Utilizan su poder y posición para asegurarse de que tu nombre sea conocido, tu talento sea reconocido y tus contribuciones sean valoradas.

Este tipo de apoyo es fundamental en entornos altamente competitivos, donde la visibilidad puede determinar el éxito o el estancamiento profesional. Los patrocinadores defienden tu potencial y te abren puertas a oportunidades que de otro modo podrían estar fuera de tu alcance. Su influencia puede ser el catalizador que te lleve a roles de liderazgo y te ayude a romper barreras dentro de la organización. A diferencia de los mentores, cuyo enfoque está en el desarrollo personal y profesional, los patrocinadores ponen su reputación en juego para respaldar tu trayectoria, asegurando que estés listo para asumir mayores responsabilidades.

Los beneficios de contar con un patrocinador van más allá de la visibilidad. Un patrocinador te brinda acceso a oportunidades clave que pueden acelerar tu crecimiento profesional. Facilitan introducciones a líderes y tomadores de decisiones, asegurando que tu trabajo y habilidades sean reconocidos. Esta visibilidad te diferencia de tus colegas y te posiciona como un referente en tu industria. A través del patrocinio, puedes acceder a proyectos estratégicos y roles de alto perfil, que muchas veces no se anuncian públicamente. Este acceso privilegiado te permite demostrar tus capacidades en contextos influyentes, acelerando tu ascenso profesional.

Además, los patrocinadores suelen ser defensores clave en discusiones de promoción, asegurándose de que tu desempeño sea reconocido y recompensado adecuadamente. Su apoyo puede ser determinante para navegar la jerarquía organizacional y alcanzar puestos de liderazgo.

¿Cómo conseguir un patrocinador?

Requiere acción estratégica y una actitud proactiva.

1. *Demuestra tu potencial:* Para atraer patrocinadores, debes destacarte en tu trabajo. Entrega resultados consistentes y de alta calidad, supera expectativas y demuestra tu capacidad de liderazgo. Esto consolidará tu credibilidad y te convertirá en una candidata atractiva para el patrocinio.

2. *Identifica posibles patrocinadores:* Busca líderes dentro de tu industria u organización que tengan el poder de abrir puertas y respaldar tu crecimiento.

3. *Construye una relación auténtica*: Más que pedir apoyo directamente, busca maneras de demostrar cómo tu éxito también beneficia sus intereses y objetivos. Interactúa con ellos solicitando consejos en proyectos clave, compartiendo tus logros y expresando tus aspiraciones.

Cuando logras alinear tus objetivos con los de tu patrocinador, creas una relación de beneficio mutuo que refuerza su compromiso en apoyarte y defenderte en entornos estratégicos.

7.5 Participación en Comunidades y Grupos Profesionales

En el mundo en constante evolución del desarrollo profesional, involucrarse en comunidades y grupos profesionales ofrece una gran cantidad de oportunidades que van más allá del networking tradicional. Estas comunidades funcionan como ecosistemas valiosos, donde el conocimiento, las conexiones y el apoyo se combinan para fomentar el crecimiento y la innovación.

Participar activamente en estos grupos te brinda acceso a conocimientos clave sobre la industria y tendencias emergentes, lo que te permite mantenerte actualizada y competitiva en tu campo. Además, la interacción con diversos profesionales amplía tu perspectiva y fortalece tus habilidades. Al involucrarte en estas comunidades, no solo mejoras tu preparación profesional, sino que también te posicionas como una líder proactiva, lista para contribuir y prosperar.

La participación activa es clave para maximizar los beneficios de estas comunidades. Algunas estrategias incluyen:

☑ **Asistir a eventos y participar en debates:** Esto te permite interactuar con colegas y líderes de la industria, intercambiar ideas y aprender de sus experiencias.

☑ **Asumir roles de liderazgo dentro del grupo:** Ser voluntaria en iniciativas o proyectos aumenta tu visibilidad y credibilidad en la comunidad, al tiempo que refuerza tus habilidades de liderazgo.

☑ **Compartir tu conocimiento:** Escribir artículos, impartir presentaciones o moderar paneles son excelentes formas de posicionarte como experta en tu campo. Al hacerlo, atraerás a otros profesionales que buscan aprender de tu experiencia y expandir su red de contactos.

La era digital ha revolucionado la forma en que nos conectamos con otros profesionales, haciendo que las comunidades en línea sean una herramienta imprescindible. Algunas estrategias clave incluyen:

💻 *Unirte a grupos relevantes en LinkedIn:* Espacios donde puedes debatir sobre tendencias, compartir información y conectar con expertos de todo el mundo.

📣 *Asistir a webinars y eventos virtuales:* Estas sesiones brindan acceso directo a líderes de la industria y oportunidades para interactuar con otros profesionales desde cualquier lugar.

🗣 *Participar en foros y comunidades en línea*: Contribuir a conversaciones activas fortalece tu presencia digital y credibilidad profesional.

EJEMPLOS DE ÉXITO A TRAVÉS DE COMUNIDADES PROFESIONALES:

Caso 1: Una profesional de comunicaciones aprovechó su participación activa en una comunidad de la industria para impulsar su carrera. Al contribuir con artículos, asistir a eventos y colaborar en iniciativas del grupo, ganó visibilidad y credibilidad, lo que llevó a oportunidades de hablar en conferencias prestigiosas.

Caso 2: Una líder comunitaria utilizó plataformas digitales para crear conexiones globales. Gracias a su participación en foros, *webinars* y debates, amplió su red de apoyo y colaboración, lo que resultó en avances significativos en su carrera profesional.

Estos ejemplos demuestran el poder transformador de la participación en comunidades profesionales. Ya sea mediante interacciones en eventos, liderazgo dentro del grupo o participación en plataformas digitales, estas comunidades ofrecen un sinfín de oportunidades para aprender, conectar y crecer.

Al integrarte activamente en estos espacios, no solo fortalecerás tus conocimientos y habilidades, sino que también construirás una red de contactos valiosa, que te ayudará a impulsar tu carrera y contribuir al crecimiento colectivo de tu sector.

Elemento Interactivo:

Lista de Verificación para Participar en Comunidades Profesionales

Este ejercicio te ayudará a mantenerte organizada y a participar activamente en comunidades profesionales, asegurando que tu contribución sea significativa y que aproveches al máximo tu involucramiento.

Paso 1: Enumera tus Comunidades Profesionales

Escribe las comunidades, grupos o redes profesionales a las que perteneces (ejemplo: grupos de LinkedIn, asociaciones de la industria, redes de exalumnos).

Plantilla:

Nombre de la Comunidad	Propósito/Área de Enfoque	Mi Rol
Red de Mujeres en el Liderazgo	Empoderamiento de mujeres en liderazgo	Miembro
Asociación de Profesionales en Marketing	Desarrollo de estrategias de marketing	Colaboradora

Paso 2: Identifica Próximas Oportunidades

Para cada comunidad, investiga y anota eventos, discusiones o iniciativas en las que puedas participar (ejemplo: *webinars*, paneles, eventos de networking).

Plantilla:

Nombre de la Comunidad	Evento/Discusión Próxima	Fecha	Cómo Planeo Participar
Red de Mujeres en el Liderazgo	Conferencia Anual de Liderazgo	15 de junio	Asistir y establecer contactos
Asociación de Profesionales en Marketing	*Webinar* sobre Tendencias Digitales	20 de mayo	Presentar un caso de estudio

Paso 3: Establece Objetivos Específicos de Participación

Define objetivos claros para cada comunidad. Piensa en cómo puedes contribuir, ya sea compartiendo conocimientos, presentando en eventos o colaborando en proyectos.

Plantilla:

Nombre de la Comunidad	Objetivo	Plazo
Red de Mujeres en el Liderazgo	Presentar un *webinar* sobre liderazgo estratégico.	Dentro de 3 meses
Asociación de Profesionales en Marketing	Escribir un artículo para su boletín.	Para el final del trimestre

Paso 4: Registra tu Participación y Logros

Haz seguimiento a tu involucramiento y reflexiona sobre el impacto de tu participación.

Plantilla:

Nombre de la Comunidad	Actividad Realizada	Impacto/Resultado	Próximos Pasos
Red de Mujeres en el Liderazgo	Asistí a una sesión de networking	Conecté con 3 líderes del sector	Agendar reuniones informales
Asociación de Profesionales en Marketing	Publiqué un artículo	Mayor visibilidad en la industria	Proponer un segundo artículo

---

Paso 5: Reflexiona y Ajusta

Al final de cada trimestre, revisa tu lista de verificación y reflexiona:

◇ ¿He alcanzado mis objetivos en cada comunidad?

◇ ¿Qué nuevas oportunidades puedo buscar?

◇ ¿Cómo ha contribuido mi participación a mi crecimiento profesional?

Preguntas de Reflexión:

1. ¿Qué ha sido lo más gratificante de participar en estas comunidades?
2. ¿Qué habilidades o conocimientos he adquirido a través de mi involucramiento?
3. ¿Cómo puedo profundizar mi contribución en el futuro?

📝 **Consejo final:** La clave para aprovechar al máximo estas comunidades es **ser constante** y mantener una mentalidad de aprendizaje y colaboración. ¡Cada conexión cuenta para impulsar tu crecimiento profesional!

7.6 Construyendo una Red de Apoyo entre Pares

Navegar el mundo profesional puede ser desafiante, pero contar con una red sólida de colegas puede ser un salvavidas, ofreciendo apoyo emocional, colaboración y oportunidades de aprendizaje compartido. Estas redes brindan un sentido de comunidad y pertenencia, algo crucial en entornos que a veces pueden sentirse aislados. El apoyo emocional entre pares es invaluable, proporcionando ánimo y comprensión cuando surgen dificultades. Esta camaradería fomenta un ambiente de confianza y apertura, donde los individuos se sienten cómodos compartiendo tanto sus desafíos como sus logros. Otro beneficio significativo es la responsabilidad mutua, ya que las redes de pares ayudan a mantener el enfoque en los objetivos y compromisos. Saber que otros están interesados en tu éxito puede motivarte a superar obstáculos y a esforzarte por alcanzar la excelencia.

Para cultivar relaciones significativas con tus colegas, considera organizar grupos de apoyo entre pares. Estos pueden reunirse regularmente para discutir objetivos, desafíos y avances, creando un espacio de aliento mutuo y rendición de cuentas. Participar en proyectos colaborativos también fortalece las relaciones, ya que trabajar en conjunto hacia un objetivo común fomenta la cooperación y la confianza. Estas colaboraciones ofrecen oportunidades para aprender unos de otros, compartir habilidades y desarrollar nuevas perspectivas que pueden mejorar tus capacidades profesionales. Construir estas conexiones requiere intención y esfuerzo, pero los beneficios valen la pena. Una red sólida de colegas puede convertirse en una fuente de inspiración, apoyo y crecimiento, proporcionando una base estable para tu trayectoria profesional.

El papel de las redes de pares en el desarrollo profesional no puede subestimarse. Los colegas pueden ofrecer comentarios y perspectivas que, en muchas ocasiones, son más aplicables y relevantes que aquellas de personas externas a la industria. Compartir conocimientos y recursos del sector es una de las claves de estas redes, ya que los miembros intercambian información valiosa que les permite mantenerse actualizados sobre las tendencias emergentes. Otra faceta importante es el mentoreo y la capacitación entre pares, donde los participantes pueden aprender unos de otros a través de experiencias compartidas y conocimientos especializados. Estas sesiones de mentoría fomentan el crecimiento personal y profesional, promoviendo una cultura de aprendizaje continuo y mejora constante.

Las redes de apoyo entre pares han tenido un impacto significativo en las carreras de sus miembros, como lo demuestran numerosos casos de éxito. Por ejemplo, un grupo de mujeres en el sector tecnológico formó una red de apoyo para ayudarse mutuamente a superar los desafíos de una industria predominantemente masculina. A través de reuniones periódicas y proyectos colaborativos, compartieron conocimientos, recursos y estrategias para el éxito. Su esfuerzo colectivo resultó en varias promociones, oportunidades de liderazgo y mayor reconocimiento dentro de sus empresas. Los testimonios de sus miembros destacan cómo esta red fortaleció su confianza, habilidades y crecimiento profesional.

Otro ejemplo es una iniciativa en el sector salud donde profesionales de diversas áreas se reunieron para abordar problemas comunes y compartir mejores prácticas. Esta colaboración llevó a soluciones innovadoras y mejoras en la atención a los pacientes, demostrando el impacto transformador de estas redes. Estas historias ilustran que las redes entre pares no solo brindan apoyo; también actúan como catalizadores del crecimiento y el éxito, empoderando a sus miembros para alcanzar sus metas y hacer contribuciones significativas en sus campos.

Al concluir este capítulo sobre la construcción de redes sólidas y mentoría, queda claro que estas conexiones desempeñan un papel fundamental en el desarrollo profesional y el crecimiento personal. Ya sea a través de redes de colegas, mentoría o patrocinio, las relaciones que cultivamos moldean nuestro camino profesional y nos abren puertas a nuevas oportunidades. En el siguiente capítulo, exploraremos estrategias prácticas y habilidades esenciales para navegar las complejidades del liderazgo con confianza y autenticidad.

Capítulo 8: Inspiración y Aplicación en el Mundo Real

"Todo gran sueño comienza con un soñador. Recuerda siempre que dentro de ti tienes la fuerza, la paciencia y la pasión para alcanzar las estrellas y cambiar el mundo."
– Harriet Tubman

8.1 Mujeres Pioneras

Imagina estar al borde de un vasto océano, observando cómo las olas chocan contra la orilla con una fuerza y un ritmo inquebrantables. Esta imagen refleja el empuje constante de las mujeres que rompen barreras en el liderazgo, abriendo caminos donde antes no existían. A lo largo de la historia, innumerables mujeres han desafiado las normas, han cuestionado el *status quo* y han logrado hazañas extraordinarias en campos donde a menudo eran la única presencia femenina. Sus historias no son solo relatos de triunfo personal, sino también guías para la próxima generación, ilustrando la resiliencia, la innovación y el poder de la visión.

Consideremos la trayectoria de Mae Jemison, la primera mujer afroamericana en viajar al espacio. Su camino para convertirse en astronauta no solo estuvo marcado por la excelencia académica, sino también por la innovación persistente y una determinación inquebrantable para perseguir sus sueños. Creciendo en una época en la que la exploración espacial era dominada mayoritariamente por hombres, Jemison no solo rompió barreras de género y raza, sino que también inspiró a innumerables niñas a alcanzar las estrellas. Su carrera en el campo *STEM* (ciencia, tecnología, ingeniería y matemáticas), un área que aún busca la paridad de género, subraya la importancia de la representación para motivar a futuras líderes. La historia de Jemison es un ejemplo de cómo la innovación puede ser un motor no solo para el éxito personal, sino también para transformar la percepción social de lo que las mujeres pueden lograr.

En el mundo corporativo, las historias de mujeres pioneras, como las primeras directoras ejecutivas de grandes corporaciones, sirven como faros de inspiración. Estas mujeres, que han navegado en industrias históricamente dominadas por hombres, han demostrado una visión estratégica y una determinación inquebrantable. Su ascenso a posiciones de liderazgo no fue solo una victoria personal, sino un testimonio de su capacidad para innovar y generar cambios dentro de sus organizaciones. Al integrar la creatividad con el pensamiento estratégico, estas líderes no solo han alcanzado el éxito personal, sino que también han creado el camino para lugares de trabajo más inclusivos y diversos. Sus trayectorias resaltan la importancia del aprendizaje continuo y la adaptabilidad, características esenciales en el acelerado panorama empresarial actual.

En un mundo en constante cambio, la capacidad de adaptarse y aprender de manera constante es una habilidad fundamental para cualquier líder. Este compromiso con el aprendizaje no solo implica adquirir nuevos conocimientos, sino también aplicarlos para innovar y resolver problemas complejos. Indra Nooyi, ex CEO de PepsiCo, es un claro ejemplo de cómo una mentalidad de aprendizaje puede impulsar un liderazgo transformador. Su estilo de liderazgo se caracterizó por la empatía, el pensamiento estratégico y un enfoque inquebrantable en la innovación. La filosofía de Nooyi, que priorizaba la inclusión y la sostenibilidad, dejó un impacto duradero en PepsiCo y en la comunidad empresarial en general. Su énfasis en *"Desempeño con Propósito"* demuestra cómo la integración del éxito empresarial con la responsabilidad social puede generar un crecimiento sostenible e inspirar a futuras generaciones de líderes.

La filosofía de liderazgo de Indra Nooyi ofrece valiosas lecciones para quienes aspiran a liderar. Su enfoque, que combinaba la empatía con una visión estratégica, empoderó a sus empleados y fomentó una cultura de colaboración e innovación. Al involucrar a sus equipos en los procesos de toma de decisiones, Nooyi demostró el poder de un liderazgo democrático, donde las diversas voces contribuyen al logro de objetivos compartidos. Su capacidad para conectar con los empleados a nivel personal fomentó la confianza y la lealtad, componentes esenciales de un liderazgo eficaz. Las aspirantes a líderes pueden inspirarse en el ejemplo de Nooyi cultivando un entorno inclusivo que valore las diversas perspectivas y fomente la comunicación abierta. Su historia subraya la importancia de alinear las prácticas de liderazgo con los valores personales y los objetivos organizacionales, creando un ambiente de trabajo cohesionado y orientado a un propósito claro.

Al reflexionar sobre los caminos de estas mujeres pioneras, se hace evidente que su éxito no radicó en circunstancias extraordinarias, sino en su capacidad para aprovechar cualidades como la innovación, la resiliencia y el compromiso con el aprendizaje. Al considerar tu propio camino de liderazgo, reflexiona sobre los valores y características que más resuenan contigo. Participa en ejercicios que alineen tus valores personales con tus objetivos de liderazgo, asegurando que tu trayectoria no solo sea exitosa, sino también auténtica y satisfactoria. Al establecer paralelismos entre tus experiencias y las de estas mujeres líderes, podrás identificar oportunidades de crecimiento e innovación que se alineen con tu visión.

8.2 Estudio de Caso de Liderazgo Auténtico

El liderazgo auténtico es más que un estilo de liderazgo; es un compromiso de liderar con integridad, transparencia y una conexión genuina con los propios valores. Consideremos el caso de Howard Schultz, ex CEO de Starbucks, cuyo liderazgo es un testimonio del poder de la autenticidad. Schultz lideró con un enfoque en la transparencia, compartiendo a menudo su historia personal y los valores que dieron forma a su visión para Starbucks. Su liderazgo se caracterizó por iniciativas audaces, como ofrecer beneficios de salud a empleados de medio tiempo, reflejando su convicción sobre la importancia del bienestar de los trabajadores. Bajo su dirección, Starbucks se convirtió no solo en una empresa de café, sino en una marca orientada a la comunidad que valoraba tanto a sus empleados como a sus clientes. El enfoque de Schultz ilustra cómo los líderes que permanecen fieles a sus valores pueden fomentar la confianza y la lealtad dentro de sus organizaciones. Al priorizar la transparencia y la integridad, construyó una cultura empresarial que incentivaba la colaboración y la innovación, lo que llevó a un éxito sostenido.

El impacto del liderazgo auténtico va más allá de los líderes individuales y afecta a equipos y organizaciones enteras. Los líderes auténticos crean entornos donde la confianza y la colaboración prosperan, lo que aumenta el compromiso y la satisfacción de los empleados. Las investigaciones muestran que los equipos dirigidos por líderes auténticos exhiben mayores niveles de confianza y están más dispuestos a colaborar, ya que se sienten valorados y respetados. Este espíritu de colaboración impulsa la creatividad y la resolución de problemas, permitiendo que las organizaciones enfrenten desafíos con agilidad y resiliencia.

Una lección clave es la importancia de mantener la autenticidad bajo presión. Los líderes suelen enfrentarse a situaciones en las que las presiones externas pueden tentarlos a comprometer sus valores o adoptar una fachada para cumplir con expectativas ajenas. Sin embargo, los líderes más eficaces son aquellos que se mantienen firmes en su autenticidad, incluso en medio de la adversidad. Para lograrlo, es crucial involucrarse en la reflexión y la autoevaluación periódica. Al tomarse el tiempo para evaluar los propios valores y su alineación con las acciones, los líderes pueden asegurarse de que sus decisiones sean coherentes con sus creencias fundamentales. Otra estrategia es cultivar una red de apoyo compuesta por mentores y colegas que puedan ofrecer orientación y ayudar a los líderes a mantenerse fieles a sus valores. Esta red sirve como un espacio de confianza para navegar desafíos complejos sin comprometer principios esenciales.

Fomentar la aplicación de los principios del liderazgo auténtico en tu propio estilo de liderazgo puede generar resultados transformadores. Comienza con ejercicios de reflexión que exploren tu autenticidad personal. Considera cuáles son los valores más importantes para ti y cómo influyen en tu liderazgo. Reflexiona sobre situaciones pasadas en las que hayas actuado de manera inconsistente con tus valores e identifica pasos para realinear tus acciones con tus creencias. Estos ejercicios ayudan a fortalecer la autoconciencia y a establecer una base sólida para el liderazgo auténtico.

Además, desarrolla un plan de acción que defina formas específicas de incorporar la autenticidad en tu liderazgo diario. Este plan puede incluir dedicar tiempo a conversaciones abiertas con tu equipo, tomar decisiones alineadas con tus valores y modelar la transparencia en tus interacciones. Al integrar conscientemente la autenticidad en tu estilo de liderazgo, creas un entorno donde la confianza, la colaboración y la innovación pueden florecer.

8.3 El Poder de la Resiliencia en los Caminos de Liderazgo

En el liderazgo, la resiliencia se erige como un pilar fundamental del éxito, representando la capacidad de sobreponerse a la adversidad y salir fortalecido. Es la fortaleza interna que permite a los líderes enfrentar desafíos y convertir obstáculos en oportunidades de crecimiento. Consideremos el caso de una líder del sector público que enfrentó un intenso escrutinio y críticas durante una crisis. En lugar de sucumbir a la presión, demostró resiliencia al mantener la calma y centrarse en soluciones, restaurando la confianza y credibilidad en su liderazgo. Su trayectoria ejemplifica cómo la resiliencia no solo ayuda a los líderes a superar desafíos, sino que también fomenta la innovación y el crecimiento, transformando la adversidad en un catalizador para el cambio positivo.

El camino hacia la resiliencia comienza con un cambio de mentalidad, viendo los fracasos no como puntos finales, sino como escalones hacia logros mayores. Adoptar esta perspectiva permite a los líderes enfrentar desafíos con una actitud de oportunidad en lugar de derrota. Por ejemplo, una emprendedora del sector tecnológico que fracasó en múltiples startups antes de alcanzar el éxito es una clara ilustración de esta mentalidad. Cada tropiezo le enseñó valiosas lecciones, que utilizó para refinar su enfoque y, finalmente, construir una empresa innovadora. Al adoptar una mentalidad de crecimiento, convirtió sus fracasos pasados en la base de su éxito futuro, demostrando que la resiliencia a menudo conduce a la innovación y a avances significativos.

Construir redes de apoyo es otra estrategia clave para fomentar la resiliencia. Así como un árbol obtiene su fortaleza de sus raíces, los líderes encuentran resiliencia en una red de colegas, mentores y pares que les brinden apoyo. Estas conexiones no solo proporcionan apoyo emocional, sino también asesoramiento práctico y perspectivas diversas que pueden guiar a los líderes en momentos difíciles. Un ejemplo es una ejecutiva del sector salud que, al afrontar una fusión complicada, encontró en su red de mentores y colegas una fuente de orientación y ánimo. Este respaldo fortaleció su confianza y le proporcionó la claridad necesaria para tomar decisiones estratégicas, resaltando la importancia de construir y nutrir relaciones profesionales.

Abundan historias de líderes que encarnan la resiliencia, ofreciendo inspiración y guía para quienes buscan cultivar esta cualidad esencial. Un ejemplo es el de una renombrada científica que enfrentó innumerables rechazos antes de que su investigación revolucionaria fuera reconocida. Su determinación inquebrantable y resiliencia le permitieron perseverar a pesar de los obstáculos, lo que finalmente condujo a un descubrimiento que transformó su campo. Su historia es un testimonio del poder de la resiliencia para superar adversidades y alcanzar logros extraordinarios.

Para desarrollar la resiliencia, es fundamental adoptar prácticas que refuercen una mentalidad fuerte y un estilo de vida equilibrado. Llevar un diario de reflexiones puede ser una herramienta poderosa para el autoconocimiento, permitiendo a los líderes procesar sus experiencias y emociones. Registrar regularmente los desafíos enfrentados y las lecciones aprendidas ayuda a desarrollar una visión más clara de su trayectoria y fortalece su capacidad de respuesta ante futuras dificultades.

Además, establecer objetivos específicos para fortalecer la resiliencia permite a los líderes concentrar sus esfuerzos en desarrollar esta habilidad clave. Estos objetivos pueden incluir adquirir nuevas competencias, solicitar retroalimentación o participar en actividades que promuevan el bienestar mental y emocional.

La reflexión regular a través de la escritura no solo aumenta la autoconciencia, sino que también crea un registro tangible del crecimiento y la evolución personal. Este ejercicio motiva a los líderes a reconocer su resiliencia en los momentos difíciles, sirviendo como fuente de inspiración y confianza. Al fijar y trabajar de manera constante en sus objetivos de resiliencia, los líderes pueden adoptar un enfoque proactivo hacia su desarrollo profesional y personal, asegurando que estén preparados para enfrentar los desafíos futuros con fortaleza y determinación.

8.4 Tu Legado de Liderazgo: Inspirando a Futuras Generaciones

Piensa por un momento en el concepto de legado, en especial, un legado de liderazgo. No se trata únicamente de los logros y reconocimientos acumulados a lo largo de una carrera. Más bien, se trata del impacto duradero que dejas en tu organización, en tu comunidad y en las personas cuyas vidas has tocado. Un legado de liderazgo está compuesto por los valores que has transmitido, la cultura que has fomentado y el cambio que has inspirado. Es un testimonio de los principios que guiaron tus decisiones y de la visión que impulsó tus esfuerzos. Este legado permanece mucho después de que hayas avanzado en tu camino, influyendo en los futuros líderes y estableciendo un precedente para quienes siguen tus pasos.

La importancia de dar forma conscientemente a tu legado no puede subestimarse. Como líderes, a menudo nos enfocamos en objetivos y desafíos inmediatos, pero la narrativa más amplia de nuestro liderazgo es lo que, en última instancia, nos definirá. Construir un legado de manera intencional implica alinear nuestras acciones diarias con nuestros objetivos a largo plazo, asegurando que cada decisión contribuya a la imagen más grande que deseamos crear. Líderes como Ruth Bader Ginsburg, cuyo legado va más allá de sus logros jurídicos hasta abarcar su inquebrantable compromiso con la igualdad y la justicia, ejemplifican el poder de un legado bien construido. Su trabajo transformó el panorama de los derechos de género, y su legado sigue inspirando a quienes hoy defienden la igualdad. Al construir conscientemente tu legado, aseguras que tus contribuciones trasciendan tu tiempo de servicio, influyendo en futuras generaciones y promoviendo un cambio duradero.

Para comenzar a construir tu legado de liderazgo, empieza por identificar tus valores fundamentales y las contribuciones que deseas hacer. Reflexiona sobre lo que te motiva y sobre lo que esperas lograr a través de tu liderazgo. Estos valores deben servir como la base de tu legado, guiando tus acciones y decisiones. Participar en mentoría y servicio comunitario también puede ser un componente valioso de tu legado. Al *mentorear* a otros, transmites tus conocimientos y experiencia, empoderando a la próxima generación de líderes. El servicio comunitario te permite contribuir al bienestar común, reforzando los valores que aprecias y sirviendo de ejemplo para otros. Estas actividades no solo fortalecen tu legado, sino que también enriquecen tu experiencia como líder, brindándote nuevas perspectivas y oportunidades de crecimiento.

Mientras contemplas el legado que deseas dejar, tómate el tiempo para visualizar el impacto que deseas tener. Los ejercicios de reflexión pueden ser invaluables en este proceso, ayudándote a articular tus aspiraciones e identificar los pasos necesarios para alcanzarlas. Considera crear una declaración personal de legado, que resuma tu visión y los principios que deseas mantener. Esta declaración actúa como una brújula, recordándote tus metas a largo plazo y el impacto que estás construyendo. Puede ser simple o detallada, pero debe resonar con tus creencias fundamentales e inspirarte a actuar con propósito e intención. Al redactar una declaración clara y convincente de tu legado, creas un marco para tu liderazgo que alinea tus acciones diarias con tu visión global, asegurando que cada paso que tomes contribuya al legado que deseas dejar en el mundo.

	Ejercicio de Reflexión:
	Planificación de tu Legado de Liderazgo

Tómate un momento para reflexionar sobre el legado que deseas crear como líder. Utiliza este ejercicio para clarificar tus valores, acciones e impacto a largo plazo.

Paso 1: Tus Valores Fundamentales

Escribe tres valores que sean centrales en tu estilo de liderazgo.

Ejemplos: Integridad, empatía, innovación, colaboración, resiliencia.

1.
2.
3.

Paso 2: Identifica tus Contribuciones

Enumera tres formas en las que deseas contribuir a través de tu liderazgo:

- **A través de tus palabras** (ejemplo: inspirar a otros, defender la equidad).
- **A través de tus acciones** (ejemplo: crear oportunidades, liderar con el ejemplo).

1.
2.
3.

Paso 3: Alinea tus Prácticas

Reflexiona sobre tus prácticas actuales como líder:

- ¿Cómo se alinean con los valores y contribuciones que has identificado?
- ¿Existen áreas de mejora?

Lo que estoy haciendo bien:

Lo que necesito mejorar:

Paso 4: Plan para Crecimiento e Impacto

Piensa en cómo puedes expandir tu legado a través de la mentoría, el servicio comunitario o la defensa de causas importantes.

- ¿A quién puedes *mentorear* o guiar?
- ¿Qué causas o iniciativas puedes apoyar para ampliar tu impacto?

Paso 5: Crea tu Declaración de Legado de Liderazgo

Combina tus reflexiones en una declaración breve que resuma el legado que deseas dejar.

Ejemplo:

"Quiero ser recordada como una líder que fomentó la innovación, empoderó a otros para alcanzar su máximo potencial y creó oportunidades para generar un cambio positivo."

🔨 **Tu Declaración de Legado de Liderazgo:**

CONCLUSIÓN

A medida que llegas al final de este viaje a través de "*El Poder de las Mujeres en el Liderazgo*," es fundamental revisar los temas clave y las estrategias que han sido el hilo conductor a lo largo del texto.

Este libro ha servido como una guía integral, explorando los múltiples aspectos del liderazgo específicamente en mujeres. Ha abordado la importancia crucial de construir confianza, adoptar estilos de liderazgo auténticos, navegar las dinámicas del entorno laboral y lograr un equilibrio armonioso entre la vida profesional y personal. Además, ha proporcionado estrategias para avanzar en tu carrera de manera auténtica, superar barreras sistémicas y fomentar redes de apoyo y mentoría. A través de ejemplos y narrativas del mundo real, el libro ha ilustrado el impacto profundo que pueden tener las mujeres cuando lideran con autenticidad y valentía.

Los aprendizajes clave de este libro son tanto prácticos como empoderadores. Construir confianza requiere comprender y aprovechar tus fortalezas únicas. Abrazar la vulnerabilidad no como una debilidad, sino como una fortaleza, fomenta conexiones más profundas y confianza en los equipos. Superar el síndrome del impostor con estrategias cognitivas puede liberarte de la autolimitación y abrirte a nuevas oportunidades. El liderazgo auténtico, basado en la integridad y la transparencia, no solo impulsa el crecimiento personal, sino que también contribuye al éxito organizacional. A medida que avances en tu carrera, estas lecciones servirán como una brújula, guiándote hacia un liderazgo efectivo y alineado con tus valores.

Ahora, al encontrarte en la antesala del cambio y el crecimiento, el potencial transformador de estas lecciones te llama. Pon en práctica las estrategias y conocimientos adquiridos en tu camino como líder. Aprovecha las oportunidades para empoderarte a ti misma y a quienes te rodean. Recuerda que cada paso que das hacia un liderazgo auténtico puede inspirar y elevar a otras mujeres. Tu camino no es solitario; formas parte de un movimiento más amplio que celebra las contribuciones únicas de las mujeres en el liderazgo.

Te animo a tomar medidas proactivas para alcanzar tus objetivos de liderazgo. Comparte tu experiencia con otras mujeres y crea redes de apoyo y colaboración. Aboga por cambios sistémicos en tu lugar de trabajo para fomentar un entorno donde la diversidad y la inclusión sean una realidad. Tu voz y tus acciones pueden crear el camino para futuras generaciones de mujeres líderes.

Continúa tu crecimiento con recursos adicionales. Explora lecturas recomendadas, participa en programas de coaching y únete a comunidades en línea donde puedas conectar con personas afines y continuar tu desarrollo personal y profesional.

Estoy profundamente agradecida por tu compromiso con este libro. Tu dedicación para aprovechar tu potencial de liderazgo es inspiradora. A medida que sigas adelante, recuerda que no estás sola en este camino. Eres parte de una comunidad vibrante de mujeres líderes que están redefiniendo lo que significa liderar con confianza y autenticidad.

Creo en el potencial de cada mujer para liderar con valentía y autenticidad, y espero que este libro sea un catalizador para tu crecimiento y éxito.

Lidera con convicción y autenticidad. Confía en tu capacidad para generar un cambio significativo. Juntas, podemos construir un futuro donde las mujeres líderes prosperen e inspiren a otras a hacer lo mismo.

Tu viaje apenas comienza, y las posibilidades son infinitas.

Reseña del Libro

¡Marca la Diferencia con tu Reseña!
♥ *Empodera a Mujeres, Una Reseña a la Vez* ♥

Tu voz importa. *El Poder de las Mujeres en el Liderazgo* no es solo un libro—es un movimiento. Al compartir tus pensamientos, ayudas a otras mujeres a ganar confianza, adquirir conocimientos y obtener las herramientas necesarias para liderar con valentía.

Unas pocas palabras o una reflexión sincera pueden marcar la diferencia. Tu reseña puede inspirar a más mujeres a iniciar su camino de liderazgo y amplificar el mensaje de empoderamiento.

Únete a la conversación. Comparte tu perspectiva y sé parte del cambio.

¡Gracias por tu apoyo!

Referencias

1. [†1] Zenger Folkman. (s.f.). La brecha de confianza entre hombres y mujeres: cómo superarla. Recuperado de https://zengerfolkman.com/articles/the-confidence-gap-in-men-and-women-how-to-overcome-it/

2. Brown, B. (s.f.). Centro Dare to Lead. Recuperado de https://brenebrown.com/hubs/dare-to-lead/

3. Intentional Outcomes. (s.f.). Navegando el laberinto con la terapia cognitivo-conductual. Recuperado de https://intentionaloutcomes.com/decoding-impostor-syndrome-navigating-the-maze-with-cognitive-behavioral-therapy/

4. Dame Leadership. (s.f.). Cómo una mentalidad de crecimiento moldea las habilidades de liderazgo. Recuperado de https://www.dameleadership.com/research-and-insights/how-a-growth-mindset-shapes-leadership-skills/

5. Coach Padraig. (s.f.). Mujeres en el liderazgo: diversidad en los estilos de liderazgo. Medium. Recuperado de https://medium.com/@coachpadraig/women-in-leadership-diversity-in-leadership-styles-2eb5fb92620e

6. Harvard Business School. (s.f.). Inteligencia emocional en el liderazgo: por qué es importante. Recuperado de https://online.hbs.edu/blog/post/emotional-intelligence-in-leadership

7. Arruda, W. (2024, 2 de octubre). Cómo las mujeres pueden usar el branding personal para acelerar el éxito profesional. Forbes. Recuperado de https://www.forbes.com/sites/williamarruda/2024/10/02/how-women-use-personal-branding-for-career-success/

8. Vocare Leadership. (s.f.). El arte del liderazgo: equilibrar la asertividad y el empoderamiento. Recuperado de https://www.vocareleadership.com/blog/the-art-of-leadership-balancing-assertiveness-and-empowerment

9. Harvard Business Review. (junio de 2012). Las alianzas estratégicas pueden hacer o deshacer a las líderes femeninas. Recuperado de https://hbr.org/2012/06/strategic-alliances-can-make-o

10. Harvard Business Review. (enero de 2022). Cómo las mujeres pueden sentirse cómodas "jugando a la política" en el trabajo. Recuperado de https://hbr.org/2022/01/how-women-can-get-comfortable-playing-politics-at-work

11. Satyn Magazine. (s.f.). Dominando la comunicación en un mundo dominado por hombres. Recuperado de https://satynmag.com/mastering-communication-in-a-male-dominated-world/

12. PSCI. (s.f.). Manejo de retroalimentación y críticas: convertir desafíos en crecimiento profesional. Recuperado de https://www.psci.com/handling-feedback-and-criticism-turning-challenges-into-career-growth/

13. Loflin, J. (s.f.). Cómo establecer límites saludables te convierte en un líder más fuerte. Recuperado de https://jonesloflin.com/jonesloflinblog/leadership-setting-healthy-boundaries/

14. Forbes Coaches Council. (2023, 5 de octubre). Dominando el arte de delegar para mujeres líderes. Forbes. Recuperado de https://www.forbes.com/councils/forbescoachescouncil/2023/10/05/mastering-the-art-of-delegation-for-female-leaders/

15. Mayo Clinic. (s.f.). Ejercicios de mindfulness. Recuperado de https://www.mayoclinic.org/healthy-lifestyle/consumer-health/in-depth/mindfulness-exercises/art-20046356

16. Building Champions. (s.f.). 6 pasos para que las mujeres líderes encuentren equilibrio entre el trabajo y la vida. Recuperado de https://www.buildingchampions.com/blog/6-steps-for-women-leaders-to-find-work-life-balance

17. Ellevate. (2019, 23 de diciembre). Secretos de confianza para todas las mujeres líderes. Forbes. Recuperado de https://www.forbes.com/sites/ellevate/2019/12/23/secrets-to-confidence-for-every-woman-leader/

18. AWL Online. (s.f.). Equilibrando la balanza entre el trabajo y la vida como líder femenina. Recuperado de https://awlonline.co.uk/balancing-the-scales-work-life-harmony-for-women-leaders/

19. Think with Google. (s.f.). Mujeres en el lugar de trabajo: 5 historias de carrera de mujeres. Recuperado de https://www.thinkwithgoogle.com/future-of-marketing/management-and-culture/women-in-the-workplace/

20. The Growth Faculty. (s.f.). 8 líderes femeninas inspiradoras que rompieron el techo de cristal. Recuperado de https://thegrowthfaculty.com/articles/inspirationalfemaleleaders

21. Asociación Americana de Mujeres Universitarias (AAUW). (s.f.). Barreras y prejuicios: el estado de las mujeres en el liderazgo. Recuperado de https://www.aauw.org/resources/research/barrier-bias/

22. AIHR. (2025). 13 iniciativas DEI probadas para implementar [en 2025]. Recuperado de https://www.aihr.com/blog/dei-initiatives/

23. Escuela de Negocios de la Universidad de Missouri. (s.f.). Oportunidades de avance: prejuicio de género en el lugar de trabajo. Recuperado de https://business.missouri.edu/about/news/opportunities-advancement-gender-bias-workplace

24. WeQual. (s.f.). La importancia de la alianza en el lugar de trabajo. Recuperado de https://wequal.com/insight/importance-of-allyship-in-the-workplace/

25. Marcus, B. (2018, 10 de abril). Cómo las mujeres exitosas crean redes para su carrera y negocio. Forbes. Recuperado de https://www.forbes.com/sites/bonniemarcus/2018/04/10/how-successful-women-network-for-their-career-and-business/

26. Mentoring Complete. (s.f.). Estrategias efectivas de mentoría para mujeres: empoderar e inspirar. Recuperado de https://www.mentoringcomplete.com/women-mentorship-strategies/

27. Chronus. (s.f.). ¿Qué es un mentor vs. un patrocinador y por qué incorporar ambos? Recuperado de https://chronus.com/blog/sponsorship-vs-mentorship-why-not-both/

28. The Comms Avenue. (s.f.). Cómo aprovechar las comunidades profesionales para el crecimiento profesional. Recuperado de https://thecommsavenue.com/how-to-leverage-professional-communities-for-career-growth/

29. Archivos de la Casa Blanca de Obama. (s.f.). La historia no contada de las mujeres en la ciencia y la tecnología. Recuperado de https://obamawhitehouse.archives.gov/women-in-stem

30. Strategy Punk. (s.f.). El estilo de liderazgo de Indra Nooyi: ideas clave e impacto. Recuperado de https://www.strategypunk.com/indra-nooyis-leadership-style-key-insights-and-impact/

31. Center for Creative Leadership. (s.f.). Liderazgo auténtico: qué es y por qué importa. Recuperado de https://www.ccl.org/articles/leading-effectively-articles/authenticity-1-idea-3-facts-5-tips/

32. Center for Creative Leadership. (s.f.). 8 prácticas para un liderazgo más resiliente. Recuperado de https://www.ccl.org/articles/leading-effectively-articles/8-steps-help-become-resilient/

www.ingramcontent.com/pod-product-compliance
Lightning Source LLC
LaVergne TN
LVHW012021060526
838201LV00061B/4395